流量飞轮

从存量到增量的企业级打法

肖云 赵扬 ● 著

FLYWHEEL

An Overall Strategy for Customer Growth

机械工业出版社
CHINA MACHINE PRESS

本书针对企业在流量获取难、获取成本高等方面的问题，提出了破局转型的系统解决方案。本书主要包含两部分内容，分别是聚焦"增长逻辑"和"操作模型"。其中，增长逻辑（第一章至第三章），主要从企业管理者的高度，阐述流量经济的底层逻辑、下半场与流量博弈的实践框架和极易产生的认知误区，旨在行动之前，打破思维定式，避免踩坑。操作模型（第四章至第七章）则主要从团队运营的角度，讲解流量获取和留存的各环节逻辑、岗位要求、方式方法等，既便于负责人了解全局，又方便团队作为参考以开展日常工作。

图书在版编目（CIP）数据

流量飞轮：从存量到增量的企业级打法 / 肖云，赵扬著. — 北京：机械工业出版社，2023.5
ISBN 978-7-111-73011-8

Ⅰ.①流⋯　Ⅱ.①肖⋯②赵⋯　Ⅲ.①企业管理–网络营销–研究　Ⅳ.①F274-39

中国国家版本馆CIP数据核字（2023）第064317号

机械工业出版社（北京市百万庄大街22号　邮政编码100037）
策划编辑：坚喜斌　　　　责任编辑：坚喜斌　陈　洁
责任校对：张昕妍　王明欣　责任印制：单爱军
北京联兴盛业印刷股份有限公司印刷
2023年5月第1版第1次印刷
145mm×210mm・8印张・3插页・151千字
标准书号：ISBN 978-7-111-73011-8
定价：79.00元

电话服务　　　　　　　　　网络服务
客服电话：010-88361066　　机　工　官　网：www.cmpbook.com
　　　　　010-88379833　　机　工　官　博：weibo.com/cmp1952
　　　　　010-68326294　　金　书　网：www.golden-book.com
封底无防伪标均为盗版　　　机工教育服务网：www.cmpedu.com

自序　每粒微光，都能闪耀

本书初稿完结之时，正值北京2022年11月，寒流入侵，灰蒙阴沉，不见晴天。光秃的树干，萧索之气更甚。

由于新冠疫情，对大部分创业者来说，这个冬天尤其寒冷。这样的状况，在过去三年，也不鲜见了。

但"躺平"不是创业者的专长，"不服"才是要争的一口气。

风雪漫漫，春回一瞬。仅两个月之后，全国范围内的出行已基本正常，生活逐步驶入正轨。料峭春寒，也掩不住人们溢于言表的要"大干一场"的火热激情。

疫情改变了人们的一些生活习惯，更激发了很多商业变革，对线上流量的认知和把握便是其中之一。之前跑得通、做得了的事，以后不一定还跑得起、做得成。因身兼创业和战略投资人的双重角色，我参与和见证了很多企业的成功转型，绝境重生。究其原因，就是它们用敏锐的商业嗅觉和果敢的行动，找准转移后的流量入口，抓住了新机会。

流量就是生意，这是我在近几年的商业实践中获得的最大感触。

　　互联网世界不断成长，反复重塑着商业世界的模样。但有一点没变，那便是机会永远在人群聚集的地方。截至2022年6月，我国网民规模为10.51亿，短视频用户达9.62亿，网络直播用户7.16亿。抖音和快手日活平均时长均超过100分钟。短视频，正以新的流量获取方式，让优秀的企业更加优秀，也成为企业当前转型破局的利器之一。

　　但短视频不是包治百病的金丹仙药，它本身也在不断迭代。与短短两年前相比，短视频平台已是成熟赛道，流量的存量竞争已然开启，对后来者有挑战，对先入者施压力。无论是新入场的小白，还是已有成绩的老手，都需打起十二分精神，始终用创新的精神去拥抱变化，率领团队去探索实践。

　　转型，首先必然要有一个正确的方向，而这个方向的参考往往是成功的标杆。但案例毕竟有其特殊性，简单复制不可取，需提取底层通用的规律和方法。因为日常接触到的公司业务都和流量息息相关，所以，我对大众注意力的转移和变化比较敏感，并受益于此。本书既是对过往经验教训的系统总结，也是对新变革形势和运作规律的思考，并基于此，提出在深度理解存量竞争的全局环境下，企业通过获取新流量，实现破局转型的系统解决方案。

　　认知要先于实践而行。帮助更多的人在创业路上少走弯路，在企业成长过程中穿越周期，此为初心之一。

初心之二，乃是衷心希望给教培人提供多一些参考。

我深耕学习赛道十多年，对教培行业自2021年以来发生的政策巨震深有感触。现在还有很多这个行业的创业者仍未找到合适的突破口，心里很痛苦，觉得"自己过不去这个坎儿了"。我认为有消极想法是正常的，但事实证明我们不用过于悲观。因为很多同行已经利用短视频平台成功打造了新的个人品牌或业务，还有更多的人正在路上。希望朋友们用理性的视角来分析，重整能力与经验，继续前行。

将目光拉近一些，好吃的餐厅门口依旧排起长龙，马路上快递车疾驰而过，咖啡厅里又聚起畅谈生意的人们。如果你还在哀叹已失去的一切，就看不到蓬勃生机。

每位创业者身上都有光芒。偶遇阴霾不可怕，只要坚守微光一点，终将闪耀！

肖云

2023年2月4日立春　于北京

前言　短视频流量破局的系统解决方案

本书由两位作者倾情奉献。

肖云，即本人，深耕教育培训行业16年，既是创业者，也是战略投资人。我比较善于诊断阻碍企业发展的症结，通过有效的运营方法，迅速提升企业的盈利能力。

我曾在新东方教育集团先后担任过学校校长和集团总裁办高级经理，后以联合创始人的身份参与创立朴新教育，并担任首席运营官，经历了朴新教育三年半纽交所上市的全过程。在此期间，我先后负责过出国、K12、网校等业务，每一个板块都收获了一些成绩：

天津晟嘉学校从年收入1000万元连续四年增长到2亿元的规模；西安杨健学校8个月内在读从4000人次增加到12000人次；10个月时间，环球集团年收入从6亿元增长到将近8亿元；而网校业务从0开始，第二年收入近2亿元。基于多年经验写作的《教育培训大运营》豆瓣评分达9.0。

我在2020年创立"拾光文化"，专注于用智能学习产品加服务的新型学习模式，赋能行业伙伴，截至2022年底已累积200家合作方/代理商。2021年，我与合伙人成立了"云鹏之道"，用去中心化的自治组织模式，共建行业生态，一起做大做强。

本书的另一位作者赵扬，曾在管理咨询培训行业从业9年，专攻销售和市场营销。2015年，他准确预判了新流量动向，开始将公司业务重心从基于公众号的"字媒体"跃迁到基于视频的"视媒体"。

在"视媒体"的时代，不懂得借用视频在互联网上获取曝光机会的企业，将变成网络时代的"哑巴"和"透明人"。基于这个预判，赵扬在之后的7年里为超过2000位企业创始人及高管做过培训，为其中超过40家企业做过顾问，并与之深度合作，其中不乏上市公司。赵扬是不多见的既懂企业管理，又懂市场营销，还懂短视频流量经济的复合型专家。

本书涉及的多个企业案例，主要来自他参与的项目和辅导的企业家学员。

在本书中，我们发挥各自专长，呈现两部分内容，分别聚焦"增长逻辑"和"操作模型"：

1. 增长逻辑（第一章至第三章）：从企业管理者的高度，阐述流量经济的底层逻辑、下半场与流量博弈的实践框架和极易产生的认知误区，旨在行动之前打破思维定式，避免踩坑。

2. 操作模型（第四章至第七章）：从团队运营的角度，讲解流量获取和留存的各环节逻辑、岗位要求、方式方法等，既便于负责人了解全局,又方便团队作为参考以开展日常工作。

放眼以后,结合中国未来的发展愿景:中国式现代化、高质量发展、新型工业化和数字中国。这意味着每个人、每个组织都要经历深度转型。

"转型"不是目标,而是一个道阻且长的行进过程,有框架和规划,才不会迷失方向。我们的经验是:一个人干不过一个团队,一个团队干不过一个系统。所以本书的第一个价值便是提供一套实现流量破局的系统方案,结构梗概如下:

第一章 流量就是生意

流量对于生意的重要性从未改变。当业务增长出现瓶颈或下滑的时候,企业通常认为是销售和产品出了问题,但很多情况是,流量的入口变了。本章提出一个解决增长问题的出发点:机会等于供给跟上注意力的转移。但有了流量就能变现吗?在流量和收益之间,有一个运营系统的"黑匣子"(如图0-1所示)。打开黑匣子的第一把钥匙是"流量池"——运营系统的底层思维逻辑。

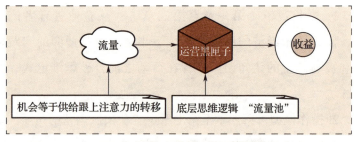

图0-1 流量和收益之间的黑匣子

第二章 "三粉飞轮"增长模型

第二章是本书的重点章节，书名所谓的"流量飞轮"，就是本章提出的"三粉飞轮"模型。本章将继续解密黑匣子的内部构造。涨粉和销售的效果不好，很可能是因为没有做好流量池，没有形成流量闭环。高效获取精准流量和转化的关键，是一套环环相扣的运营模型：

1）由"泛粉""精粉"和"铁粉"组成"三粉飞轮"。

2）通过私域达成效果。

3）"信任"变现。

4）客户员工化。

5）以优质内容为前提。

"三粉飞轮"是本书的核心内容，第五章（短视频篇）、第六章（直播篇）、第七章（私域篇）对其做了更加落地的拆解，如图0-2所示。

第三章 短视频流量下半场的博弈

因为流量运转的前提是优质的内容，在残酷的存量竞争中，我们必须学会更"精致的吆喝"，即打造更有竞争力的内容。如何理解流量下半场的游戏规则？如何精进内容且不跑偏？如何避免线下转线上的"水土不服"？如何找到适合的定位？还有一个重要的背景问题：现在进场还来得及吗？

第四章 短视频平台的差异与选择

从第四章开始，内容将重点阐述实操方法。首先聚焦流

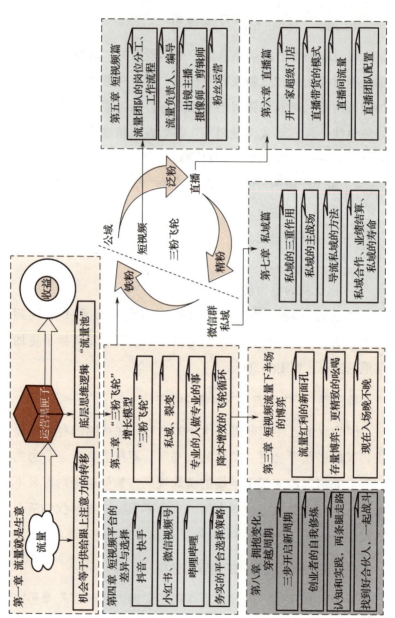

图0-2 全书章节逻辑

量的主战场：短视频平台。目前的短视频赛道有五大平台分庭抗礼，由于定位不同，对应的分发逻辑、主力使用人群、用户使用习惯、适合内容等特征均有根本差异，甚至称不上"同一物种"。本章具体阐述五大平台到底有何差异，并该如何选择。

第五章　短视频篇

制作短视频有哪些流程？需要什么样的岗位？团队成员间如何配合？建立和管理短视频团队难度较大，因为它可能与公司其他部门团队有很大区别。本章将以岗位为线索，梳理基于获取流量的短视频创作中，涉及人员分工、技能要求和实践中的操作要点。

第六章　直播篇

对于从短视频吸引来的流量，很多商家会选择在直播环节变现，特别是电商类的产品。现在，直播带货被认为是商业破局的一剂猛药，成为线上销售的主流方式之一。我们从模式、流量和团队配置三个方面准备，在短视频平台上开一家"超级门店"。

第七章　私域篇

如何让收益更稳定，甚至更快速地增长？回答是：私域！如果把私域仅当成是老客户管理工具，将丧失巨大的商业机会。如何定位私域的作用、选择主战场、引流粉丝、跨界合作和归属结算，都将在本章做详细介绍。

第八章　拥抱变化，穿越周期

这是本书的最后一章。阅读到此，可能有些朋友想着手转型或创业。开疆拓土是最艰难的。本章将分享我在创业过程中的感悟和经验教训，希望能够帮助大家更快启动，避险避坑。本章的具体内容包括如何从旧周期进入新周期，创业心理和认知问题，以及找到好的合伙人。

在阅读本书的过程中，您可能会发现本书的第二个价值（或特点），是企业/团队视角。因为短视频平台已经进入"存量搏杀"时期，无论从战略上还是战术上，无论是个人还是企业，都需举团队之力下场竞争，如此才能提高成功率。

新战场、新团战带来了对新技能、新岗位、新模式的需求。个人需要培养出团队意识，迅速找到合适的创业伙伴，而企业则需要从整体上进行适当调整。

幸运的是，短视频从出现到现在毕竟已经走过了数个年头。我们参与的企业实践和积累的经验，可以变成您少走弯路的"指南针"。

本书的第三个价值，是成长性的社群链接。

在今天这个市场竞争激烈、新媒体变化迅速的环境中，一个打法、一种模式可能经过3~6个月就会出现大的变化与迭代。过去，强者或许可以"各领风骚三五年"，但今天在新媒体领域能够做到"各领风骚三五月"的，已是佼佼者矣。

本书虽集两人之力，将我们参与过的、验证过的规律性打法作为案例呈现给大家，但我们深知，越是具体的打法，可能生命周期越短。

所以，为了不负读者的期待，基于新媒体的做法，我们额外提供三个服务：

1）书中提及的大量电子工具，我们会同步上传到为此书专门设立的公众号"肖云企业增长"和"跟扬哥搞流量"，供大家下载使用。

2）加入读者社群，可获得最新的流量打法技巧，以及最新的知识直播的课程信息。

3）有机会获得新作品的试看试听名额，快人一步。

君子以文会友。希望本书能成为各位同道中人相互结识的通路，聚智聚力，创造出更有活力、更抗周期的商业生态。

本书的著成，得益于以下团队及人士的大力支持，在此一一表示衷心的感谢。

感谢云鹏高管团队的小伙伴们，以及曾在商学院任职课程设计的饶荻老师对我的帮助。

最后，望此书能为在变局时代仍坚守创业的朋友们，提供实实在在的帮助。

如序中所提，创业者身上都有光芒，本人愿做薪柴，助力闪耀！

肖云

2023年2月4日立春　于北京

目 录

自序　每粒微光，都能闪耀
前言　短视频流量破局的系统解决方案

第一章　流量就是生意

流量对于生意的重要性从未改变过。资本、产品固然都很重要，但如果不能吸引来客户，一切都无从谈起。而在短视频经济的背景下，流量运转的方式和运用的方法与以往大不相同。如果说在以前，流量是生意的前提，那么在今天，流量本身就是生意。

1. 增长出问题，先查流量入口　/ 002
   友邻优课，3个月达百分之百增长　/ 003
   症结：流量的入口迁移了　/ 003
   动作：转战短视频流量入口　/ 004
2. 机会等于供给跟上注意力的转移　/ 004
   从失业语文老师，到年入800万元的在线阅读营　/ 006

3. 流量"池"思维 / 010

　　选在哪里开店？ / 011

　　好流量池的标准 / 013

要点回顾 / 018

第二章 "三粉飞轮"增长模型

　　有没有一个模型，既能筛选精准客户，让流量池持续扩容，又能提升转化？我的回答是，有！而且这个模型还能让增长的势能，从单一驱动变成"自驱型涡轮增压"。

1. "三域"与"三粉" / 020

2. "三粉飞轮"：涨粉创收发动机 / 026

3. 私域是达成效果的关键 / 028

4. 裂变的有效方式 / 031

　　赢得信任的两个保障 / 031

　　让转介绍"纵享丝滑" / 034

　　发朋友圈："一加一减" / 035

5. 如何解决私域运营成本高的问题 / 038

　　客户员工化：私域运营的"飞轮" / 038

　　为什么能做到客户员工化 / 041

6. 专业的人做专业的事 / 044

　　"御驾亲征"的坑 / 045

　　四大举措，扭转乾坤 / 046

7. 降本增效的飞轮循环 / 050

要点回顾 / 053

第三章　短视频流量下半场的博弈

创业最危险的是：认知尚未到位，实践却已经开始很长时间了。短视频平台上的流量竞争已经进入"下半场"，是时候重新审视游戏规则了。

1. 流量红利的新面孔　/ 056

    如何理解流量红利　/ 057

    流量是否真的见顶了　/ 059

2. 存量博弈：更精致的吆喝　/ 064

    商业场景：在迪士尼乐园里开店　/ 066

    情绪价值："四声五感"　/ 067

    内容进阶三步法　/ 070

    克服手机屏幕的"水土不服"　/ 071

    定位：找到流量洼地　/ 074

    下一个大风口在哪里　/ 077

3. 现在入场晚不晚　/ 079

    后发者的优势　/ 080

    警惕"后发陷阱"　/ 082

要点回顾　/ 083

第四章　短视频平台的差异与选择

选平台等于选战场。不同平台之间的差异，不仅仅是用户规模大与小的区别，在平台定位、流量分发逻辑、主力使用人群、用户使用习惯、适合内容特征等方面也均有根本差异，甚至称不上"同一物种"。

1. 抖音：短视频赛道的领军者　/ 087
2. 快手：扎根于下沉市场　/ 089

3. 小红书：精致女性聚集地 / 090

4. 微信视频号：未来无限可能的潜力股 / 092

5. 哔哩哔哩（B 站）：二次元年轻人的领地 / 094

6. 务实的平台选择策略：一稿多发 / 097

要点回顾 / 098

第五章 短视频篇

获取流量的技术为"器"，而善使器之人为"工"。人们往往将注意力放在如何获取新技术，却忽略了使用这些技术的人们——需要什么样的岗位？需要具备哪些技能？团队之间如何配合？

1. 短视频流量团队的岗位分工 / 100
2. 视频流量团队的工作流程 / 107
3. 项目负责人的工作 / 107
   账号定位 / 108
   账号起名 / 114
   账号注册准备 / 116
   账号装修 / 118
   付费助推 / 124
4. 编导的工作 / 127
   平台的内容推荐机制 / 129
   爆款产生的底层机制 / 129
   违规和限流 / 134
   如何做爆款选题 / 136
   呈现形式 / 143
   文案脚本结构 / 148

5. 出镜主播的工作 / 153
　固定单主播 / 154
　多主播轮替 / 155
6. 摄像师与剪辑师的工作 / 156
　器材选择 / 156
　摄像师 / 159
　剪辑师 / 160
7. 粉丝运营的工作 / 164
　作品的发布 / 164
　粉丝互动 / 165

要点回顾 / 166

第六章　直播篇

　　曾经的直播，被商业主流嘲笑为"卖便宜货的"，但今天已经成了企业营销中不可缺少的一环。直播带货的本质，是企业开了一家超级门店。但大多数企业的困局在于看不透直播的本质，抓不住直播的要点。

1. 直播相当于开一家超级门店 / 170
2. 带货模式：你是一家什么店 / 171
　达人直播 / 172
　商家自播 / 175
　直播的人、货、场匹配 / 178
3. 直播间流量 / 179
　短视频流量 / 180
　直播推荐流量 / 180
　付费流量 / 182
　私域流量 / 183

4. 直播带货的团队配置　/ 184

5. 短视频、直播与私域　/ 188

要点回顾　/ 189

第七章　私域篇

具备强大私域运营能力的公司，敢于用同行看起来近乎疯狂的激进投放来抢夺客户。假如你还不会运营私域，那和这样的竞争对手共处同一赛道，是不是一件很可怕的事情？

1. 私域的三重作用　/ 191

　　降低成交难度，提高成交概率　/ 191

　　提升竞争力　/ 192

　　成为翻身本钱，度过危机　/ 192

2. 私域的主战场　/ 193

3. 将公域粉丝导流到私域上的方法　/ 201

4. 私域的合作价值　/ 203

5. 微信私域营销的业绩自动结算系统　/ 204

6. 私域的寿命　/ 206

要点回顾　/ 207

第八章　拥抱变化，穿越周期

没有一个行业或公司可永远繁荣、永续辉煌，也没有一个平台能永远依靠。培养出个人和组织拥抱变化，穿越周期的能力，才是根本。面对全新的环境和未知的挑战，我们是否做好了足够的心理准备呢？

1. 三步开启新周期 / 209
   直面现实,发现问题 / 212
   走出孤岛,开放协作 / 213
   拥抱变化,驶入新周期 / 214
   成功"刷新"的三个条件 / 216
2. 创业者的自我修炼 / 218
   创业不是享受,焦虑是常态 / 219
3. 认知和实践,两条腿走路 / 222
   德鲁克的"灵魂之问" / 223
   拾光文化:四阶进化论 / 224
4. 找到好合伙人,一起战斗 / 227
   好合伙人的三个关键词 / 227
   不同身份的优势 / 229

要点回顾 / 231

尾声　最好的时机就是现在

第一章　流量就是生意

我和一位1997年出生的创业者聊天，谈他做的业务及我们能提供的帮助。越聊我越觉得神奇，他带领30人的团队，一年创造超1亿元的收入。

如此高的人效，是如何做到的？

他原本做线下留学机构，签有一些外籍教师。新冠疫情期间，外教们只能待在家里。他与外教一起做抖音，很快便收获了大量粉丝，也掌握到很多吸粉的方法。

接着他想到，能否用这些经验去复制和打造一批有潜力的网红呢？于是他参考MCN模式，寻找综艺节目中有网红潜力的人，与他们一起成立公司，之后包装、运营、做短视频和直播，等粉丝足够多的时候，开始卖产品、接广告。产品主要集中在知识学习类，如职业教育、职场沟通等，也附带一些电商产品。网红们也逐步开发一些自己的产品，放在这些号上售卖，收入五五分。在我们聊天的时候，他们已经成功包装了二三十个网红,一年营收超过1亿元。

他这个商业模式并不新奇。但我关注的是,这些惊人业绩、高人效模式全部始于他掌握了汇聚流量并可规模复制的方法,再加上有人气的IP,后面的一切才顺理成章。如果说在以前,流量是生意的前提,那么在今天,流量本身就是生意。

流量就是生意,这是我从业至今最深的一个感触。

其实,流量对于生意的重要性从未改变过。资本、产品固然都很重要,但如果不能吸引来客户,一切都无从谈起。例如,对于开餐厅交房租,闹市区人流多,房租高,而偏僻的地方房租低,但人流也少。房租的差价,就是为流量支付的费用。大企业都非常重视品牌宣传,因为品牌的实质也是积累流量——在客户心中植入一颗种子,每当有需要的时候,客户就会想到这个品牌。建销售渠道也就是为流量打开通路。例如,可口可乐为获得全国各地铺货的渠道,曾考虑斥重金收购汇源果汁。

我们一直在追寻更多的流量。如今短视频的用户规模已超过9.6亿[一],其中蕴含的机会空前庞大。但是,流量在短视频平台上的运转方式,与线下商业大不相同。

1. 增长出问题,先查流量入口

因为做战略投资的关系,我常为企业做一些经营诊断。

[一] 2022年8月31日,中国互联网络信息中心(CNNIC)发布第50次《中国互联网络发展状况统计报告》。

当企业遇到业务增长消退或面临发展瓶颈的时候，通常的反应是：产品设计有问题？宣传力度不够？销售不努力？团队不合拍？但很多情况是，企业的方向、产品、绩效、管理、销售、团队可能都没问题，真正出问题的，或者说问题的根源，是流量。

与各位分享我的一个实践经验——友邻优课。

友邻优课，3个月达百分之百增长

友邻优课是一家成人英语学习服务企业，创始人是夏鹏老师。夏鹏老师是新东方的明星讲师，曾获世界英语演讲比赛的冠军。2015年，夏鹏老师创立友邻优课，随后推出同名APP，提供高品质的录播课程。用户付费加入会员，可在APP上学习课程。

2021年9月，友邻优课的用户增长出现瓶颈。我和夏鹏老师是长江商学院的同班同学，他来找我交流，希望一起寻找突破口。我们讨论后，提出一套调整方案，只用了3个月的时间，便实现了收入百分之百的增长。

症结：流量的入口迁移了

表面上，友邻优课面临的瓶颈是增长乏力，但根本问题是流量的入口迁移了。

友邻优课原流量入口是夏鹏老师的公众号"教书匠小夏"，拥有120万粉丝，可为友邻优课APP导流，并促成会员转化。但近年来，人们对公众号的关注度开始下滑，粉丝和阅读量都在变少，触达客户的机会不够，当然销售就会受到影响，以致整体收入很难提升。

动作：转战短视频流量入口

当下，人们的注意力已从文字向视频转移。友邻优课必须拥抱这个变化，向视频化流量入口转型。为此友邻优课开展了两项工作：

第一，推出全新微信视频号"英语编辑部"，专抓热点，吸引注意力，3个月就积累粉丝超20万。如《带你回顾伊丽莎白女王的传奇一生》，实现1.3万转发，8000多点赞。

第二，夏鹏老师重点运营自己的抖音号（@夏鹏），几乎每天直播，至今已有400多万粉丝。他还建立有上万名成员的付费微信群"云鹏会客厅"，精心运营，群中的粉丝非常活跃。

新流量入口做起来之后，很快就积累了大量粉丝，在此基础上做友邻优课课程的推荐，效果显著。仅用了3个月，收入便翻了一番。

看似简单的两个动作，为何能带来如此强势的增长？总结两个要点：

1）供给要跟上注意力的转移。
2）建立流量"池"思维。

2. 机会等于供给跟上注意力的转移

商业是供给和需求之间的关系。用适当的供给去满足客户的需求，就是机会所在。这种理解没有问题。但在操作层面，供给和需求之间的适配，指的不仅是功能上的满足，更要在时间和空间上同调。简单地说，当大家都在看新东西的时候，就要到有新东西的地方去找他们。

以前人们习惯看报纸、看电视，那么广告就发布在报纸和电视上。后来人们开始用电脑、看网站，电商随之应运而生。手机普及后，大众的注意力转移到手机软件上。玩APP比上网站更便捷、更垂直。短视频比看图文更省事、更好玩。新的业态，在这次转移中再次出现。学习英语的本质需求没有改变，但注意力从图文公众号迁移到短视频平台。友邻优课只需将流量入口挪到短视频平台，便很快能与用户群体重新连接。

再比如，健身跳操不新奇，但刘畊宏的毽子操却红遍全网。拨开明星的光环，其本质是对健身需求的供给，跟上了人们注意力的转移。看刘畊宏的人，其实还是同一批喜爱健身、瘦身的人。以前他们可能在电视或网站上看郑多燕的健身操，或者在健身房跳操，但现在他们刷抖音也同样喜欢看健身内容，自然就成为刘畊宏的粉丝。

另一个有意思的例子，是一位旅游博主。娟姐是一位导游，新冠疫情发生后，游泰山的人数锐减，眼看没生意了。她以前的工作就是每天陪客户爬泰山，现在游客来不了，那泰山的美景难道就没人想看吗？她就和往常一样，每天爬上泰山，把日出的景象放在抖音上直播，现在已拥有200多万的粉丝。爬泰山，看日出，对于娟姐来说本是平常的事情，但她看到的机会，是人们转移到抖音上欣赏美景的需求。

我自己也有一个抖音号（@肖云学长×职场源知识），分享在管理和职场方面的理念，现在有百万粉丝。因为年轻人和创业者的注意力也在短视频上，他们刷短视频虽然是为了消遣，但学习和发展的需求不变，所以会成为这一类账号的粉丝。

注意力到哪里，消费需求和消费行为就会跟到哪里。"机会等于供给跟上注意力的转移"，想明白这句话，再去找寻新机会，就会比较清晰。我们需要快速判断需求在什么地方，并决定供给方式。

需求转移后，供给方式是否发生改变，取决于注意力所在平台的特性。这对现在入场的朋友们来说，也是一个机会：只要供给需求的方式有变化，新玩家就有发展的空间。比如，以往大家都是线下学习，现在也逐渐习惯跟着主播在线上学习，而线上产品的体验和交付与线下都有不同。

从失业语文老师，到年入800万元的在线阅读营

刘老师曾是一位资深语文老师，2021年7月离开培训机构之后，一度迷茫无措，不知如何是好。偶然想到既然时间充裕，不如拍短视频，以及每天直播给孩子们讲讲名著。

于是，刘老师便在直播中讲解孩子们喜爱的好作品，如《夏洛的网》《猫武士》和《草房子》等，很快就吸引了大

量粉丝的关注,直播中粉丝平均在线时长高达40分钟。有一定的粉丝基础,加之需求旺盛,刘老师便想到开设付费名著阅读课程。时至今日,付费课程每年收入已达800万元,除去各类费用支出,预计还有300万~400万元的个人年收入。

让我们一起来分解刘老师的具体做法。

如何定位?

知识型IP的产品定位,一定是两个方面的结合:第一,自身的专业优势;第二,顺应大势。刘老师选择定位"名著阅读",是因为其有多年教学的经验,拥有一定的学生和家长基础,也曾出书立著,由此树立专家人设,比较令人信服。顺势方面,国家对中文阅读的要求、对语文学科的重视逐年提高。

另外,无论孩子还是家长,均已逐渐适应网课的形式。线上阅读课从材料准备到交付也比较好操作,运营成本较低。

如何设计产品?

刘老师的线上阅读课,主要面向小学生群体。3个月一期,每周上一次课。在微信中建群,以50人为一个班。产品设计的成功点,我认为一方面是适应了线上运营的特点,另一方面是巧妙地将线下经验应用于线上。

第一,录播加直播。这种方式既节省费用,也方便学员灵活安排时间,相互配合让课程体验更好。录播课从易到难,循序渐进,按学习计划发到班级群中。直播课挑选精华、难点讲授,生动活泼,提升课程效果。

第二，搭配轻度服务。其中主要包括作业布置和批改。被称为"小老师"的学习方法很受欢迎。类似"费曼学习法"，小朋友听课之后，把当天学到的内容给自己的家长讲一遍，讲课过程用手机拍下来发到班级群里打卡。

第三，将线下的"班集体"概念，引入线上的微信群。在班级中安排一个小助手协助维护班级秩序，还会安排5位"领读员"。领读员的职责是准时把作业和"小老师"的视频发到群里，带头打卡和配合互动，起表率作用。作为回报，领读员将获得群里其他小朋友送出的小红花。领读员每月一换，让群里的孩子都有机会参与。通过这种设计，群里的互动非常活跃，学习效果和体验都很好。

如何做流量？

1）短视频吸流量。刘老师每天录3~4条短视频，分享阅读内容、阅读方法、家庭教育等。阅读内容也特别结合语文学习中的重点难点，吸引有同样痛点的家长关注。

2）直播试听课程，加深信任。短视频积攒一定粉丝后，开始做直播。直播的目的是让潜在客户先试听一下课程内容，对刘老师的能力有更立体的认知，建立"眼见为实"的信任感。直播的时间也需仔细筹划。经过反复尝试，刘老师发现早上时段的直播效果也很好。因为很多家长早起为孩子做早饭，孩子不一定能来听，但家长在做饭的时候可以先听一听，感受一下。然后在合适的时候，孩子就可以加入进来。

3）私域重点运营。引导粉丝加入微信群，在群中经常与家长互动，开选题会，分享学习信息。

客户选题法。在群里举办选题会，邀请家长提建议，头脑风暴。之后将选题归类汇总，再发到群中请家长投票，选出前几名，用作短视频内容的主题。刘老师积淀深厚，只要确定好主题，优质内容都能信手拈来。

4）情绪价值。短视频观众对"情绪价值"的需求，是区别于电商平台货柜式营销的重要特点，特别容易被忽视，我将在第二章和第三章中详细介绍。简要地说，人们来短视频平台，首要目的是休闲娱乐，不是买东西，更不是来受教育的。情绪上的感染，如快乐、放松、感动、自豪、同情……这些才是在深层次更被看重的价值。在刘老师的视频中，情绪价值表现在通过书中的角色和故事，抒发和传递情感，引起学生和家长的共鸣。

如何实现销售转化和复购？

销售转化主要发生在直播和私域两个场域。在直播中适当介绍名著阅读课，通过邀请家长到微信群中享受更多福利，吸引家长进入私域，进而在私域中继续完成课程的推荐工作。

复购是痛点。首先，刘老师通过设计不同阅读难度级别的课程，学员一级一级向上学习，由此产生复购。除阅读课外，刘老师还陆续开发写作课程。读写不分家，学生开始学习阅读后，自然会有提升写作的需求。复购链路足够长的话，客户价值就会不断提升，收入和利润也就更高。

刘老师勇敢跳出旧场景，在短视频平台上，重新找到最适配其自身优势的客户群体。这里有几个值得特别关注的点：

1）引流的设计：先用免费的、高质量的短视频和直播吸引大量粉丝，聚集流量。

2）优质的内容：在制作短视频和直播的过程中，内容上重视客户选题，体现情绪价值，获得观众喜爱。

3）变现的场景：尽量引导粉丝到微信群中，将私域作为成交的重要场景。

4）线下经验转线上的调整：将线下的"班级"概念应用到线上课，通过轻量的服务，调动起粉丝的能动性。

麻雀虽小五脏俱全，虽只是打造个人IP，但涉及的工作非常全面，与企业级的短视频营销相差不多。为什么刘老师一个人能打造年入800万元的账号，而很多规模更大、资源更强的企业却无法获得足够流量，实现增长呢？

这就是流量之所以能变成生意的第二个要点：流量"池"思维。

3.流量"池"思维

紧跟注意力的转移就足够了吗？知道人们都在看小红

书，立马去小红书上注册账号，发送内容，就能获取收益吗？为什么有人虽已抓到短视频市场的先发优势，有非常高的播放量，但销售却仍无起色呢？可能就是缺乏一个概念——"池"。

"池"，有容器的意思，这点非常重要。因为进入容器中的东西，就不再是一次性的。

在我的上一本书《教育培训大运营》中，我曾总结出一套"三池理论"——流量池、销售池和客户池。这是建立在"池"概念基础上的运营底层逻辑。销售池和客户池，在这里不再赘述，欢迎读者朋友们参考书籍或关注公众号"肖云企业增长"，回复"大运营"获取详细回答。在本书中，我们将聚焦"流量池"。

选在哪里开店？

请思考这样一个问题：开一家卖服装的小店，地铁站口、街边和购物中心这三个地段首选哪里？

仅从人流量考虑，肯定是地铁站口的人最多，街边其次，最后才是购物中心。但购物中心却是公认的开服装店的最理想地点，为什么？

我认为根本原因就是：购物中心是一个"流量池"。

第一，购物中心里的人群相对来说最精准。他们来此大多是为购物，或起码不排斥购物，自然其中就会有想买衣服的人。而人们进出地铁站或在街上走，各有各的目的，想购物的人占人群比例不高，想买衣服的人占比就更低了。

第二，产生聚集效应。当同类商家聚集到一起的时候，更容易吸引大量消费者。购物中心经常将很多家服装店集中在一个楼层或一个区域，将周边的人流吸引至此。但在地铁口和街边，无论是店铺数量还是品类集中度，都很难与购物中心媲美。

第三，也是最重要的，购物中心里的顾客停留时间非常长。地铁站口的人们都行色匆匆，街边小店也是一样，人们通常买完就走，不做停留。购物中心的顾客不赶时间，本就是来休闲的，喜欢这里逛逛，那里看看。购物中心更是一个相对封闭的场所，甚至设计得跟迷宫一样，我就经常走不明白，兜兜转转反复经过同一家店。万达广场就将"动线"做到了极致，连扶梯都不建在同一个位置，要走一段距离，才能找到扶梯到下一个楼层。

只有被留住的顾客，才能被反复触达，为销售争取到更多机会，甚至增加复购的概率。像"浴缸理论"中提到的，"水"有两种不同的状态："存"量是静态的，指在某一个静止的时间点，浴缸中积蓄多少水；"流"量是动态的，表示有多少水正流进浴缸，以及有多少水正流出浴缸。能用来泡澡的，只有浴缸里的存水。水管的水流再大，在浴缸没有存到足够的水量之前，都不能泡澡。

所以找到流量，仅是生意的开始而已。提升业绩不仅要找到流量入口，还要提升留存量。此时回看友邻优课和刘老师的案例,他们的成功,很大程度上是"流"与"存"相辅相成的结果。在短视频平台之外,两位老师都建有微信群,将前端吸引的流量导入私域做深度运营。私域是流量转化的重点,我将在后续章节重点阐述。

流量池思维到底是什么?就是一边要不断吸引流量,一边要尽量将流量存储起来,像把水装进一个容器中一样,使之不断积累、不易流失。这个容器通常是私域群,如微信群。

然而建了微信群,在群里做了几次活动,就算拥有了流量池,就能促进收益吗?——不一定。

好流量池的标准

虽然我们见到很多在粉丝群变现的成功案例,但拥有粉丝和销售之间,并不是简单的因果关系。

在实践过程中,我发现两个最常见的认知误区,都和粉丝的精准度有关。

误区1:必须先建立庞大的粉丝群,才能开始变现。

我们在看到一个博主的粉丝量不高时,确实很难对其产生信任感。但必须要先积累大量粉丝,才能开始筹划变现吗?也不一定。

一些只有几万粉丝,甚至几千粉丝的账号,也能顺利卖出产品。我有一位朋友,他的视频号的粉丝只有几千,同样月入过万。其中的关键,是流量池中粉丝的高精准度。如果这几千人都是非常精准的粉丝，运营好的话，变现效果也不会差。

另一种情况可能是，业务本身就很小众。比如，一家高考艺术类培训机构的抖音号有2.7万粉丝，都是精准的考生家长，池子算不算满呢？比起动辄几十万上百万粉丝的大V来说，这个粉丝数量微不足道。但每年全国艺术类高考的考生，大概只有100万人。这家机构以前在百度上投放广告，一条销售线索的成本高达200元。现在抖音号有2.7万名家长粉丝，相当于拥有了一个用几百万广告费建立的流量池，已经是非常不错的积累了。

误区2：有流量，就能变现。

2019年抖音官方排行榜，教培行业排名第一的某网，拥有8个人的新媒体团队，在当时算是相当高的配置了。在大多数教培机构还没意识到短视频威力的时候，他们已经坐拥百万粉丝了。那时教培行业还没有"双减"政策的限制，是热门赛道，但他们的账号却因为变现效果太差，停更了。

问题出在视频内容方向上。

这家企业的短视频内容定位，是由员工扮演的中学生在课堂上和老师用各种方式淘气顶嘴。青春期的孩子本就是一个既有创意又有些叛逆的群体，这个选题确实很生活化，也很有趣，因此获得了巨大的流量，很多作品的点赞高达十几万。但这些流量并没有带来收益。因为这是一家做学习辅导的公司，客户本是那些愿意为提升子女成绩而付费的家长们，但短视频吸引来的粉丝却都是些青少年和孩子。就算有家长刷到这种学生在课堂上整蛊闹翻天的视频,又怎么敢把孩子托付给制作这种内容的机构呢?

所以,在前期吸引流量的时候,就要聚焦目标群体。获得精准粉丝的关注,就是获得对我们商业价值的认可,后续变现才有基础。

黏性与裂变

建立一个对提升收益真正有效的流量池,除了粉丝精准之外,还有两个关键词:黏性与裂变。

1)粉丝的黏性越强,流量池的规模就越大。

无可否认,流量池的目标是尽可能地扩大规模。粉丝黏性越强,留存度越高,越有利于社群规模的扩大。夏鹏老师的社群有很多忠实粉丝,一个产品或一项活动发布后,短时间内就能有几百人报名接龙,气氛一下就热烈起来。其他粉丝受到这种热情的感染,即使不购买产品,也会觉得这个社群很活跃,价值高,更有可能留在群里,并介绍朋友进来。

"跟上注意力的转移"能帮助我们找对入水口,准确抓住客户的本质需求,扩大进水量。但如果忽略粉丝黏性,让出水口放任自流,将无法建立流量池。很多社群运营中,都有对粉丝生命周期的阐述。天下没有不散的筵席,粉丝的流失不可避免,但仍有方法可以延长粉丝留存的时间,防止因运营不当而造成的额外损失。"浴缸理论"能帮助我们同时关注流量入口和出口的状态(见图1-1)。

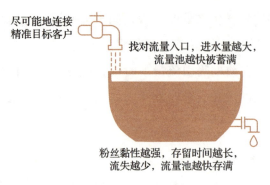

图1-1 "浴缸理论"

上文提到的粉丝精准度问题,是建立流量入口的重要前提。粉丝定位不对,无论你如何拧紧出水口,"水"仍会大量流失。即使这些粉丝黏性很高一直留在池中,对业务增长也没有多大帮助。当然我们不能确保池中的每一位粉丝都是精准用户,这就是为什么我们不能只建一个池子。有关粉丝的筛选问题,我在第二章中将详细阐述。

在此基础上更进一步来讲,浴缸有其固定的形状和容量,第一要务是要尽快将其蓄满。现实中的流量池是一个相对动态的概念,池壁有弹性,可以被逐渐撑大。一个高效的流量池要在存水的同时,还能不断扩大容积。

若想撑开池壁,则需要内外同步施加力量。我们从外部可以控制进水口和出水口,但常常忽视来自内部的张力,也就是粉丝的裂变效应。增加黏性和促进裂变,在很多时候是两种不同的动作。裂变的触发是需要额外运营和用心策划的(见图1-2)。

图1-2 内外合力扩大流量池

2)通过价值维护产生粉丝裂变,是扩大流量池的重要手段。

粉丝裂变指的是能让群里的客户带来更多的客户。对比制作短视频、直播和投放各类广告,粉丝内部裂变是成本最低、目标最精准、最容易形成良性循环的流量池扩容方式。粉丝介绍来的新客,通常是非常精准的客户,他们不但对社群有所了解,更带有天然的信任基础。裂变占新粉增量的比例越高,成效比越健康,转化率也越高。

总之,一个好流量池的标准有4个:客户精准、规模大、黏性强、易裂变。

促进裂变的方法有很多,如激励客户发朋友圈、拉人入群、线下活动老带新,或者邀请更多粉丝来观看直播,利用平台推荐机制配比更多新流量进入直播间等。无论用什么方法,裂变成功的最深层原因只有一个:取得粉丝的足够信任。

如果说销售是对客户需求的变现,那么裂变就是对客户信任的变现,是粉丝用自己的信誉,在为我们做担保。如果辜负了这份信任,后果也将十分惨痛。信任从何而来?踏踏实实做好产品和服务,始终为客户提供满意的价值体验,这些才是信任的基础。

我们讲了一整章的流量,至此要回归本质:赢得流量竞争的基础,还是要有好产品。如果友邻优课的产品有缺陷,不能满足客户需求,无论流量入口换到哪里,也无法留住用户。夏鹏老师如不能为粉丝提供高水平的职业发展指导,付费群也就毫无黏性可言。

我曾在商学院学到一个理念:取势、明道、优术。我对此深感认同。能察觉注意力已经转移到新平台并及时转型,此为"取势";能明白在短视频经济中做生意的底层逻辑,始终为客户创造最优价值的产品,此为"明道"。在取势和明道的基础上,才是"优术",即不断优化方式方法,提高效率,创造收益。

如果您也认同这个观点,并已为打磨产品和服务用尽全力,欢迎随我进入下一章节,了解提升扩充流量池的"术"——"三粉飞轮"。

要点回顾

1. 当企业遭遇增长消退或发展瓶颈,在很多情况下,真正出问题的,或者说问题的根源,是流量。

2. 机会等于供给跟上注意力的转移。

3. 当大家都在看新东西的时候，就到有新东西的地方去找他们。

4. 流量池思维：一边要不断吸引流量，一边要尽量将流量存储起来，像把水装进一个容器之中一样，使之不断积累、不易流失。

5. 浴缸理论：能用来泡澡的，只有浴缸里的存水。水管的水流再大，在浴缸没有存到足够的水量之前，都不能泡澡。

6. 一个好流量池的标准有4个：客户精准、规模大、黏性强、易裂变。

7. 粉丝精准度，是建立流量入口的重要前提。获得精准粉丝的关注，就是获得了对我们商业价值的认可，后续变现才有基础。

8. 粉丝的黏性越强，流量池的规模就越大。

9. 一个高效的流量池是在存水的同时，还能不断扩大容积。

10. 通过价值维护产生粉丝裂变，是扩大流量池的重要手段。

11. 内部裂变是成本最低、目标最精准、最容易形成良性循环的流量池扩容方式。

12. 裂变成功的最深层原因只有一个：取得粉丝的足够信任。

13. 裂变是对客户信任的变现。

14. 赢得流量竞争的基础，还是要有好产品。

15. "取势""明道""优术"：能察觉注意力已经转移到新平台并及时转型，此为"取势"；能明白在短视频经济中做生意的底层逻辑，始终为客户创造最优价值的产品，此为"明道"。在取势和明道的基础上，才是"优术"，即不断优化方式方法，提高效率，创造收益。

第二章 "三粉飞轮"增长模型

有没有一个运营模型,既能筛选客户,又能持续扩容流量池,还能提升转化?我的回答是,有!并且它能让增长的势能,从单一驱动变成"自驱型涡轮增压"。

讲解模型前我先提一个问题:说到涨粉,我们真正理解"粉丝"这个概念吗?

1. "三域"与"三粉"

常听到抱怨,涨粉和销售的效果不好。我们看到的不过是结果,实际上问题出在过程之中——找到症结,先从分解流程开始。

一位粉丝通常会经历以下3个场域:短视频域、直播域和私域。每个场域的作用不同,场域内的粉丝也各有特点。想真正把握住流量,就不能将所有粉丝混为一谈。

通过短视频获取的粉丝，我将其称为"泛粉"。泛粉是流量的基本盘。他们以兴趣为食粮，关注账号，期待获取更多信息。这部分人数量最多，构成也最广泛。我们很难知道到底是谁在看短视频，他们的真实需求又是什么。

直播可以让我们与泛粉建立更深的连接，是进一步触达和发现目标客户的有效方式。通过在直播中的沟通，一些观众发现我们能提供解决方案后愿意为之付费，或者付出更多的时间与关注，我称他们为"精粉"（精准粉丝）。

与泛粉相比，精粉已具备一定的转化条件。很多人视直播为变现的主阵地，流量的旅程也到此为止（见图2-1）。

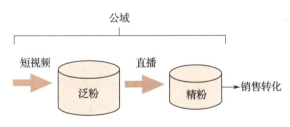

图2-1　公域流量的获转模型

市场上有很多非常成功的直播变现案例，如罗永浩老师的"交个朋友直播间"。直播变现的前提在于，操作者是否注意到业务上的差异。

直播间变现，又称为"直播带货"，多为电商所用，基本上有两个特点：第一，大部分商品的价格较低。关键是第二点，产品解释的复杂度不高，是较常见的标品。比如，直播间卖苹果，大家都吃过苹果，知道苹果的相关基本信息。

主播最多介绍一下产地、甜度、大小,观众就能听明白,在脑中形成具体想象,在几分钟内决定是否购买。直播带货的操作要点,我将在第六章详细阐述。

但知识付费类产品,如夏鹏老师的职场课和刘老师的名著阅读课,仅依靠直播间变现就相对困难:知识类产品是非标品,解释起来更复杂,成本更高,甚至需要先做市场培育。每位老师的课程都有其特点,对应不同人群,聚焦不同内容,传递不同价值。仅靠主播介绍,客户很难想象老师上课的样子和自己将来的收获。

同时,知识付费类产品价格普遍较高。当然也有价格非常低的知识类产品,如"9.9元听10堂课"。这种课在直播间可能会有很高的销量,但它们的作用是体验和导流,鼓励客户尝试和感受,然后再去购买主力产品。主力产品的价格就比较高了,几百元、上千元甚至上万元的都有,它们才是知识类公司的核心价值输出,也是收益的主要来源。

主力产品解释成本高、价格高,客户做购买决策的难度大、时间长,此时,直播间就未必是理想的变现场域了。这可能就是知识付费类产品只做短视频和直播,销售效果不理想的原因之一。

但直播仍是无可替代的重要环节。首先,直播可以提升泛粉的活跃度,改进短视频的数据表现。我公司的一位小伙伴做短视频,初期每条都得不到十个点赞。目标粉丝晚上最活跃,他就坚持每晚开直播。泛粉刷短视频的时候,正巧看到他在直播，就很有可能点进去看看。只要泛粉进了直播间，就有机会与主播建立比看短视频更深的联系，激发更多互动。现在，他的每条短视频的点赞量均能到达几百甚至上千，流量入口逐渐打开。

其次，优质的直播能促进泛粉向精粉转化。刘老师的阅读公开课直播，让很多第一次接触刘老师的粉丝眼前一亮：哦，原来阅读还有这么多好方法！这些粉丝每天听刘老师的直播，逐渐发掘自己的需求，注意力从短视频的娱乐性转移到对解决方案的探索上，逐步对课程产生兴趣，成为精准客户。

更重要的是，直播是筛选精准用户（精粉）的主阵地。上文提到直播间较适合售卖价格低、决策时间短的产品，正符合体验型产品的定位。虽然只花很少的钱，即使是1元，也能说明用户确实有需求，而且愿意为之付费。仅此一步，就将潜在客户和看热闹或薅羊毛的人群区分开来。

所以，针对知识付费类产品，我更建议将直播作为一个沟通和初步付费筛选的环节，而将主力产品转化的动作，集中在私域。很多人非常关注前两个场域的运作，却忘记了还有一个私域。私域在今天一般指微信群，也有少量在其他社交平台建立的聊天群。

直播是将粉丝从公域向私域导流的好场域。如上文提到的，粉丝通过看直播对产品产生兴趣，或者购买了体验课，此时我们都可借机邀请他们加入微信群，这被称为"导流"。在微信群中，沟通的束缚更少，能应用的工具更多。与短视频、直播间相比，微信群是更优质的"流量池"。请回想一下第一章中提到的好流量池的标准（客户精准、规模大、黏性强、易裂变），对比微信群的特点：

1）微信群是一个相对封闭的空间。群成员不会受到其他无关内容的影响，其注意力都集中在与业务相关的主题上。在微信群中做营销活动，可谓事半功倍。

2）群成员都是精准的潜在客户。经过直播和各种方式的筛选，能进入微信群的，都是比较有转化潜力的客户。如此积累起来的流量，才有下功夫去运营和转化的意义。

3）群成员停留的时间长。首先，从客户角度来说，他们入群是希望能获得服务或了解产品，在没达到目的之前，大概率会一直留意群中的动态。其次，"退群"操作相比离开短视频和直播间的"轻轻一划"来说更复杂一些，需要经过一系列的心理决策，这也间接使客户更有耐心。再从运营者角度来说，他们可以通过持续的活动来保持群热度，使群成员一直保有价值感，互相有感情牵绊，不想轻易退群。并且微信群本身也是现在大众使用最频繁的社群工具了。

因为以上的种种特质，用微信群积蓄和维护粉丝，"精粉"将很有可能变成"铁粉"。铁粉不但是贡献销售额和实现复购的主力军，还能以各种形式反哺公域，吸引更多泛粉、精粉。很多创业者或企业在短视频和直播环节苦心经营，虽然泛粉和精粉很多，但若缺少私域环节，就如同没建立起真正的流量池，也就不能将流量的商业价值最大化。

正是有了私域铁粉的加入，才能让线性的流程形成闭环，我称之为"三粉飞轮"（见图2-2）。短视频从平台中吸引流量（泛粉），通过直播进行交流和筛选，获得较为精确的客户（精粉），再导入到私域中进一步维护，使信任度增加，精粉转化为铁粉。铁粉不仅销售转化率高，还能通过裂变、积极参与短视频和直播互动等形式，吸引更多公域流量（泛粉）。由此，在"三粉"构建的闭环中，涨粉和变现的势能在循环中不断增强，提升效率。

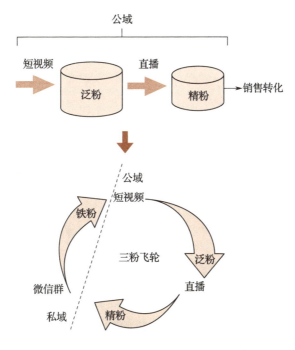

图2-2 从线性流程到"三粉飞轮"闭环

2. "三粉飞轮":涨粉创收发动机

如图2-3所示,"三粉飞轮"有4个关键指标:

1)引流:能否从公域吸引到足够多的泛粉。
2)巩固与筛选:培养和挖掘出更多精粉。
3)导流私域的比率:"丝滑地"将精准用户导至私域,进行重点维护。
4)私域转化与铁粉裂变比率:提高销售转化,获取更多铁粉的支持,裂变更多的新流量。

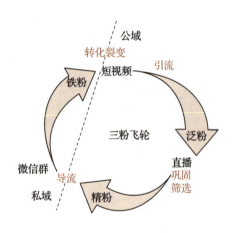

图2-3 "三粉飞轮"和四个关键点

泛粉是精粉和铁粉的基础,循环的始发点。泛粉的规模越大,飞轮的启动力越强,转起来越省力。结合上文讲到的"机会等于供给跟上注意力的转移"及本书第五章,相信大家很快能掌握技法上的诀窍。

引流、巩固、筛选、导流,其中哪个环节没做好,都会影响整体效果。然而这些都是由我们主导的"外力"——扩大进水口,拧紧出水口。有点眼熟?这是上一章提到的,扩大流量池的两个"外力"。还有一种力量不容忽视,它来自流量池的内部——粉丝裂变。

"三粉"中,谁的力量最强,能从内部影响整个飞轮?答案是:铁粉。

由铁粉贡献的裂变效应,是"三粉飞轮"运转的关键。

夏鹏老师的账号涨粉快,离不开铁粉的助力。铁粉观看短视频的完播率、点赞量、转发量和评论数都远高于一般粉丝,保证了一定的数据优势,让系统将短视频推到更高级别的流量池,吸引泛粉。当夏鹏老师直播时,铁粉不仅停留的时间久,还积极互动,这也能促发平台推流。比如在微信视频号平台,直播时如有私域粉丝观看,平台会启动"私域1∶1配比"机制,即私域中有一位粉丝进入直播间,平台还会再推送一位。有关系统推流的规则,请详见第五章和第六章的内容。

在优秀的直播间中,我们也常见有"老粉"主动回答"新粉"问题,或在主播需要的时候,反馈使用产品的正面感受。这些动作都能让泛粉和精粉的体验更好。在铁粉的帮助下,我们从公域赢得更多泛粉和精粉,再将其导流到私域培养铁粉,铁粉再反哺公域,如此反复,飞轮就越转越快。这是铁粉裂变的第一个贡献:高参与度提升公域互动数据,拉动整体流量，增粉更快。

铁粉的第二个贡献，是高效的分销节点。因其口碑推荐目标精准，又有信任基础，所以成功率极高。其他方式，如转发产品信息或短视频到朋友圈，自己管理一个小群，甚至去维护一个小号，都是促进销量的有效方式。

既能推动涨粉，又能直接作用于业绩提升，铁粉真是我们的"宝藏粉"。那么运营好铁粉所在的私域，就是达成飞轮效果的重中之重了。

3. 私域是达成效果的关键

我想用一家培训机构的案例来展示私域带来的业绩提升效果。

在调整运营模式之前，该机构每月能获取12000个资源，经电话筛选过后，留下20%有较高意向的客户（2400人），再派销售人员去一对一跟进，转化率为30%，即每月成单720人。每人消费2000元，月收入为144万元。

该机构决定提升效益，做出如下部署：

1）针对从公域获取的12000个资源，不通过电话筛选，而是用"入群享受礼品和免费课"的方法，邀请客户添加微信。成功率为50%，即有6000人加入了微信群。

2）入群后，请客户继续推荐亲朋好友一起进群领取福利，平均每位客户推荐1人入群，微信群内的潜在客户裂变成

12000人。

3）根据群内的互动表现（提交作业、积极发言）等，识别出35%意向较高的潜在客户，约4200人。

4）销售人员对这大约4200人进行重点一对一转化。

因为在群内体验良好，客户对机构有一定的信任基础，所以转化率提高到35%，成单1470人。每人消费2000元，月收入294万元。

机构老板发现私域效果卓越，于是更进一步：

1）前端动作不变，特招募一名社群运营专员，在微信群中增加维护动作，尽可能保持微信群的热度。

2）同时开设多种讲座、公开课、体验产品等营销活动促成多次转化。

3）因为客户在社群中的体验更好，联系更紧密，所以较高意向者比例增加到45%，即5400人。

4）先在群里发送报名链接，转化一批意向最强烈的潜在客户，再由销售跟进剩余未报名的较高意向者。

因为维护+裂变+多次转化动作，高潜客户的转化率从35%升至40%，即2160人。核心产品2000元的价格不变，月收入为432万元。

至此，月收入已从144万元增加到432万元，提升了200%。而回报率因精细化筛选和社群的多次转化，实现降本增效，ROI（投资回报率）从最初的1.02增至3.05，提升了199%。

按通常的思路，收获种子流量之后，机构会直接开启成交环节。该机构的前端和后序工作没有变化，仅加入了一个私域环节，就在流量和成交之间形成一个加速带（见图2-4）。如果说"三粉飞轮"是涨粉创收的发动机，那么利用好私域就能将整个系统升级为"涡轮增压发动机"——耗油更低，动力更强。

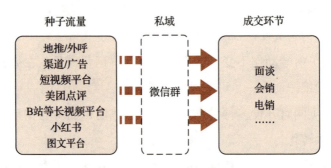

图2-4　私域推动效果达成

如何做好私域？关于私域的运营方法，仁者见仁，智者见智。别人的绝招，到自己这里可能根本用不了。但运营方案的逻辑是相通的——以始为终。如同埃隆·马斯克信仰的"第一性原理"：回归事物最基本的条件，将其拆分成各要素进行解构分析，从而找到实现目标最优路径的方法。我们也从达成目标的基本条件出发，追溯私域运营的最优路径。

首先，我们要明确做私域的目的。

1）提升转化率。

2）确保复购率。

3）促进转介绍。

而我们更要明确的是：价值输出是私域运营的关键，即我们到底能够为粉丝带来什么。

4. 裂变的有效方式

粉丝裂变，实际上是粉丝信任的"变现"。信任越深，裂变效果越好。毋庸置疑，信任需建立在高价值的产品和服务之上。但从"术"的角度看，是否有快速增进信任的技巧呢？

赢得信任的两个保障

假设我是一个陌生人，在什么情况下，你会信任我，将重要的事情交给我做呢？

1）常见常交流，彼此有了解。我们经常见面、聊天，对彼此的喜好、价值观、人品、做事风格都有所了解。如果一年见不了几次面，每次还都不怎么说话，那别说信任了，可能都把彼此忘记了。

这就需要微信群始终保持热度，吸引大家经常进来，看有什么新鲜事发生。不光群主活跃，群里的粉丝也能积极发言反馈，为相互了解提供机会。

2）一直很靠谱。信任是一点一滴积累起来的。如果我在日常能将许多小事做得很好，甚至超出预期，让你在心里称赞，那你一定会考虑让我也帮你做一些重要的事。

为达到上述条件，大家的第一反应通常是频繁地在群中做活动，为粉丝提供服务。这么做没错，但如果效果欠佳，建议大家检查一下是否缺少两个保障：

第一，适量付费。

免费不是会让粉丝觉得更值吗？答案并非如此。很多实践证明，"付费群"中的粉丝活跃度要远高于免费群。首先，要让客户意识到这是一个比较重要的地方，进群是一件有价值的事情。现在每个人能接触到的群太多了，付费群能将我们和其他群区别开来，争取到客户更多的注意力。

还有人担心，一提收费，进群的人就少了。我们必须要认识到这一点，私域是一个精准客户群。客户精准，能帮助我们提供更有针对性的服务，并提升效果。哪怕只花1元钱，都是一个门槛，将非目标客户留在群外。如果客户免费进群不被筛选，让大量不相关的人进群，虽然看上去社群规模大了，但很多人对核心内容并不感兴趣，还可能乱发信息，影响群形象，更甚者会一直潜水不说话。有人本来想说几句话的，发现大家都很沉默，自己也不敢讲话了，群的气氛就热不起来。因此，我们也可以说，适量付费不仅是为我们筛选精准客户，更是为客户筛选精准同伴。夏鹏老师的"云鹏会客厅"做得好，"付费"就是原因之一。

第二，持续直播。

尽量持续直播，而且直播内容一定要有价值。既然是维护私域,大家很容易觉得,维护动作都应该发生在群中。但实际上,直播可能是与私域粉丝沟通和服务私域粉丝的更好方式。

如何保证直播内容的价值呢?这里有一个常被忽略的问题:我们为粉丝提供的服务,是"上菜模式"还是"点菜模式"?

上菜模式,顾名思义就是我们有什么,就往群里发什么。类似于粉丝进入一家餐馆,只能吃厨师定好的几道菜,没有选择。点菜模式,是先让粉丝说出自己想吃什么,然后我们再按需提供。这两种模式,一定是点菜模式在粉丝心里更有分量。

我们一般会在群里发送信息和资料。信息只是简短的文字,价值不高。资料可能比信息好些,有一定的"干货",但仍主打图文信息,比较枯燥。还有发音频、短视频或录播课的方式,但也都是提前准备好的,这种单方面的输出缺少互动性。这种方式,就类似于"上菜模式",价值感不强。

而直播是实时的,既能保持新鲜,又可回应大家日常遇到的问题。直播的信息传递效率最高,比读和听都省力、有趣。如能坚持直播,用"点菜模式"为粉丝服务,会让私域粉丝有比较强的价值感,觉得我们很靠谱。

此外,有了私域粉丝的加入和互动,直播的数据会更好,更有助于"三粉飞轮"的运转。

如此一来,不但粉丝重视群,希望群越来越好,而且组织者也大大增强了服务能力。彼此双向奔赴，信任很快建立。

让转介绍"纵享丝滑"

无论信任多深，客户在向自己的朋友推荐时，心里多少会有一些负担。虽然不像明星代言那样，产品出问题自己也要吃官司，但毕竟押上了自己的脸面。所以，如果想让转介绍更"丝滑"，除了建立信任，更需要把握好操作难度。

不同类型的转介绍，操作难度和方法都不同。我在此推荐一个分析工具——转介绍象限图（见图2-5），将你希望粉丝或客户做的事情填进去，场景和问题一目了然：

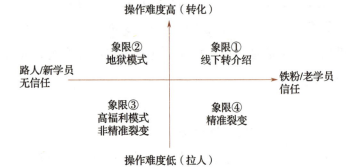

图2-5　转介绍象限图

象限①：有信任基础，操作难度高，适合在线下一对一转介绍，但成功率有限。即使我和一位同事相熟，彼此信任，也不能直接和他说"来交钱上这个课吧"。我顶多说：

"这个课程我觉得还不错,推荐你去听一听。"

象限②:无信任基础,操作难度高,是不可能完成的任务。

假设我对初次见面的人说"掏钱去报名吧",那我一定会被认为是个骗子。

象限③:无信任基础,用高福利做交换,可达成操作难度低的转介绍,但精准度欠佳。

通过实物奖励的转介绍,虽然有一定效果,但也很容易吸引很多"羊毛党"。因为客户精准度不高,后续还需进一步筛选。

最精准的裂变是象限④:让有信任基础的人,做操作难度低的转介绍。先建立信任,然后请粉丝介绍身边的人来参加不涉及金钱(或金钱额度非常低)、价值高、粉丝也熟知的活动,如分享、试听、线下会员活动等,后续的维护和销售由我们来完成。这种转介绍对铁粉们来说是举手之劳,信誉风险也低,所以完成度非常高。谁能把象限④做得更好,谁的流量池和最后的转化效果就更好。

发朋友圈:"一加一减"

大家有多少次想发个"朋友圈",最后还是放弃了?

说实话,现在朋友圈里藏龙卧虎,不是妙语连珠,就是摄影大片。自己拍的"到此一游"照片,真有些拿不出手。就算照片勉强能看,但配什么文字呢?如果写不出有趣、有格调的文案，发出来也没意思，干脆算了。

去餐厅吃饭，结账时服务员说，如果在点评网上发4张照片，外加好评，就能送瓶饮料。你可能会想，就一瓶饮料，值得我又拍照片又写文字浪费这么多时间吗？

上述两种情况都会阻碍转发，削弱裂变效果。一种是不会：活动很好，很感动，但不知怎么发。一种是不愿意：感觉不值得。我推荐"一加一减"，能同时解决以上两个问题。

"一加"，是增加客户分享的动力。做法是为客户提前准备好展现其"高光时刻"的转发素材。线下活动的时候，安排一位随拍人员，最好是专业摄影师，抓拍每位参与者认真听讲、提问或分享的画面，用自动修图软件处理一下，再配上活动"金句"，甚至是将他自己说的话做好总结和美化，发给参与者。这样的素材，客户就很愿意发朋友圈。记住，客户愿意分享的，不是你的产品和服务，而是他们的优越感和高光时刻，是他们的优秀瞬间。

如果是线上产品，类似的内容是："你在××环节打败了多少人。""你已经阅读了××天。""你已经学习了××内容。"这些信息的"画外音"其实是：你看我都读了300多天了，我好棒，我要让别人看到。

让客户展现自己的成绩，提升优越感，是促进互动和转发的要点。

"一减"，是减少转发时的心理负担。客户愿意说的内容,是他们想说的,而不是你想说的。

在全球市场,做社群营销的"头号玩家",恐怕非加拿大品牌露露乐蒙(lululemon)莫属。他们的线下派对活动,经常被营销圈当作案例来研究。参与者自发宣传的比例极高,像一场由粉丝主持的线上直播,吸引众多在外围观望的泛粉。有一点让我印象深刻,官方从不要求在转发文字中露出品牌标签,而是鼓励使用如"热汗生活"(The Sweatlife)这样更中性的关键词。他们解释说,这样做是为减少人们在分享时的心理障碍,让他们更自由地表达自己的感受。

我们可能为客户提前准备好了展现其"高光时刻"的照片和文案,但若里面充斥了各种产品信息和广告词,客户也是不愿意发的。要学会适当安静,尽量减少广告感,让客户自己发声,这样才能让客户裂变释放出巨大的能量(见图2-6)。

总结以上内容,我们讲到如何建立一个高效获取和转化流量的模型"三粉飞轮":以较大规模的泛粉为启动点,通过直播做筛选和转化,将泛粉变为精粉(精准粉丝),再通过引流产品或话术将其引导至私域。私域是一个汇聚精准流量的流量池,在私域中培养铁粉,达成转化,并触发裂变,反哺公域,吸引更多

图2-6 "一加一减"促转发

新流量进入循环中。

裂变是对客户信任的"变现"。赢得信任的两个保障，是付费筛选和持续直播。裂变主要靠客户转介绍和转发信息达成。想让裂变的动作更"丝滑"，要注意降低动作难度，减少客户的信誉风险，以及提前为客户准备好展现其"高光时刻"的转发素材，减少广告信息，让客户表达他们愿意说的内容。

在三粉飞轮的运转过程中，无论如何强调私域的重要性都不为过。那么你可能会有一个疑问：私域运营细节这么多，需要雇很多人吧！成本高了怎么办？

5. 如何解决私域运营成本高的问题

私域运营最让人头痛的问题有两个：一是成本高；二是效果差。这两个问题其实是联动的。

假设一个人能管理4个群，每个群有200~300人，这意味着一名员工要负责1000人左右，这已经是极限操作了，肯定影响运营质量。如果有几万名粉丝，就需要一个管理团队了。

如何降低成本，提升效果？我倡导的解决方案是：客户员工化。

客户员工化：私域运营的"飞轮"

"可可留学"的创办人是我任职新东方教育集团时同一

个教研组的同事。她是研究型老师，上课不讲段子，而是往台上一站，对着学生说："来，近10年的真题，随便说个年份，哪个篇章，我给你们背出来。"这么强的业务功底，着实让人佩服。

后来听说她创办"可可留学"品牌，每年收入不菲，但团队很小，甚至没有办公室，都居家办公。我当时就很好奇，她不像是精通运营的人，怎么做得这么好呢？于是，我联系她，向她取取经。

"可可留学"专注于帮助国内中学生申请海外名校。产品有直播课、制定学习规划、定制留学方案等。最初的流量入口还是公众号，她请十几位在哈佛、普林斯顿等常青藤名校的留学生撰写公众号文章。一经采用，每篇文章的稿费几乎是当时市场价格的5~10倍。公众号的关注量虽然不多，她说也就两万多人，但因为内容质量非常高，所以吸引来的人群也很精准。

她将公域流量导到私域，同时运营着22个微信群，每个微信群都有几百人。我曾进到她的微信群学习，群里的日常交流非常活跃，不时有热心粉丝分享资讯，解答问题。

我约她见面交流，她说只有中午有空。我想她肯定很忙，又要做业务，又要维护私域。没想到她说："我上午要去跑步，下午要去做瑜伽，晚上还得去遛狗。只有中午能空出点时间！"

为何她能如此从容？因为各群日常的沟通，都是由每个群的"群主"来主持完成的。这些群主都是从铁粉中挑选出来的素质非常高的家长。她平时只需保持和这些群主的沟通即可。必要时,比如团队小伙伴在群里发线下活动的通知,引导高意向客户和她面谈,她再负责做销售转化即可。

夏鹏老师的私域"云鹏会客厅"的每个群都有几百名成员,也是粉丝自主运营模式。核心成员发挥巨大的凝聚作用,如分享笔记、分享直播内容、答疑,此外还发布了云鹏黑板报,并自发建立了云鹏导师团等。

如果说增粉创收的发动机是"三粉飞轮",那么让私域运营的"飞轮"转起来的,就是客户员工化。

"员工化"后的客户,如果参与销售,会比员工还高效。因为员工需要花时间了解客户,以形成信任。而客户们已然很了解彼此,会更有说服力(见图2-7)。

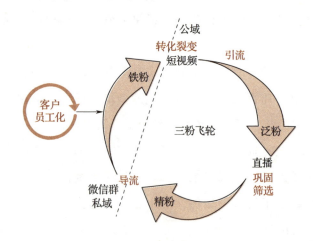

图2-7 客户员工化是私域运营的"飞轮"

为什么能做到客户员工化

优质内容，说到底还是要有优质内容。"可可留学"运营的起点是花费5~10倍于市场价格的稿费去请常青藤名校留学生撰写文章；夏鹏老师作为世界英语演讲比赛冠军、新东方教育集团战略部前负责人、友邻优课创始人，在为职场新人提供建议时，也总能一针见血、洞见十足。

一句话总结：客户员工化的前提是你的产品好或内容好，客户愿意为此而尖叫。

那么这些愿意帮助我们的"员工化"铁粉能够获得什么呢？

一方面是其自身会有荣誉感，另一方面是会获得更多的机会和锻炼。比如，他们可以得到夏鹏老师更多的指点，在运营维护中让自己和大家更熟悉，在服务大家的同时也得到大家的帮助。

跨行借鉴：品牌大使

除知识付费领域的经验之外，我想再介绍另外一个行业的做法，因为我相信"同行业学习可以成长，跨行业启发可以领先"。

我前文提到创立于1998年的加拿大运动品牌露露乐蒙（lululemon）。它从一条瑜伽裤起家，不到10年的时间便成功上市，市值从16亿美元开始一路增长，最高曾达400多亿美元，成长速度非常惊人。根据公开数据显示，露露乐蒙 2021

年全年营收62.6亿美元，与2020年相比，增长42.1%，利润增长高达65.6%。2022年7月，露露乐蒙的市值达到374亿美元，成为超越阿迪达斯，仅次于耐克的全球第二大运动服饰品牌，新冠疫情也未能阻止它前进的脚步。我研究露露乐蒙的案例后，发现有很多值得借鉴的宝贵经验。

服装零售也是典型的流量生意。露露乐蒙所有的门店都是直营店铺，围绕门店形成的社群运营被人津津乐道。它们能成功地在全球运转，而不被庞大的运营量拖垮，得益于超前的流量意识、高效的私域运营和真正的"粉丝员工化"。

店内的瑜伽课

创始人威尔逊偶然听到自己的瑜伽老师找不到合适的教学场地，便提议把非营业时段的门店空间利用起来，也正好能分摊房租的压力。这种"共享空间"的想法既新潮又环保，深受瑜伽学员们的喜爱，这些门店很快就成为当地众多瑜伽爱好者口中津津乐道的小天地，也在无形之中为露露乐蒙聚集了流量，而且是极为精准的粉丝群。

威尔逊敏锐地察觉到机会，露露乐蒙独有的"店内瑜伽"社群模式由此开启。门店按期举办课程活动，授课的教练都经过严格挑选，签约后被正式任命为"品牌大使"。

"品牌大使"会把最精准的消费群体（精粉）带进门店，用心经营，不断培养出铁粉，铁粉的好口碑又持续带来新人参与。每家门店都变成了露露乐蒙的一个小私域群，并且能在"群主"（品牌大使）的带领下，自行运转。

如今，品牌大使的职业身份已从瑜伽教练扩展到当地的运动领域的意见领袖，如健身教练，以及跑步、自行车、橄榄球、铁人三项等大众比较喜爱的运动的爱好者，甚至还有摄影师、企业家、其他领域的KOL（关键意见领袖）等。他们不全是名人，但皆具某些令人信服的特质，故在各自的领域都拥有忠实的粉丝。经过品牌大使的推荐和背书，露露乐蒙不但拓展了客群覆盖面，转化率也非常高。

品牌大使制度

露露乐蒙建立了一整套"品牌大使"的筛选、管理和激励制度，确保在全球各地的门店社群都保持高质量运转。

品牌大使的选拔非常严格。除达到本地设定的条件外，候选人还要经过内部和外部的试课、区域负责人面试、总部核查批准才能正式"上岗"。每过一两年，公司还要审查其表现，决定是否续签。严苛的选拔，一方面保证了品牌大使的高素质，另一方面也展现出公司对这个角色的关注与重视。通过选拔的人都以此为荣，这让"品牌大使"这个称号本身就成为一种激励。

除服装补贴外，门店还会不定时邀请品牌大使与员工团建，增进感情。每季度专门设有一天"品牌大使日"，店长和门店的所有签约大使都要出去参加运动。被选作"品牌大使"的人，其实并不在乎这一点服装补贴和免费旅行，他们更看重精神层面的价值，比如受到尊重和认可。为品牌大使带来的体验越积极快乐，他们的动力就越强。

吸引力法则

如果说让社群自主运转的是"客户员工化",那吸引能够被员工化的客户的方法,便是"员工客户化":你希望客户是什么样的人,就招聘同类的人来吸引他们。这是威尔逊引以为傲的"吸引力法则"——精神上同频共振的人会互相吸引。

威尔逊发掘人才的方法实属另辟蹊径:让员工过好自己的生活就好了!让他们去瑜伽馆练瑜伽,去参加跑步或各类运动团体,这样就会遇到和他们一样热爱生活、喜欢运动、价值观相融的人,吸引他们加入。

想象一下,无论是在门店还是在线上小群,无论是员工、教练、还是身边的朋友,都是经过吸引力法则聚集起来的"志同道合"的人,他们怎么会不开心,不愿意长久地待在这个社群里,希望它变得更好呢?

针对流量增长,已经有三粉飞轮、私域加速和客户员工化三个模型。但流量的使命尚未完结,后续还有最重要的变现环节,而且我们仍有可能在某一个阶段"翻车"。在本章的最后一节,我将展示一个工业化直播的实战案例。

6. 专业的人做专业的事

我有一位同学,原来做搜索引擎信息流广告业务。认识到流量带来的巨大红利后,他开始自己切后端,利用成熟的信息流投放经验，自营美妆、护肤等毛利较高的产品，获得了丰厚的收益。

当大众注意力转移之后，信息流投放的产出比下降，他开始探索短视频和直播，曾三次带队在北京尝试抖音直播，均以失败告终，损失惨重。但他不甘心，还想尝试第四次。

"御驾亲征"的坑

他当时算了算公司账面上的钱，如果第四次再失败，公司就完了，他也将倾家荡产。想翻身，他就必须找到之前三次直播失败的原因所在。

经过认真复盘，他发现前三次直播的资源足够，组织能力也不差，启动也快，症结所在竟是自己的"御驾亲征"。君王的作用不是带兵打仗。没有受过专业的军事训练，"一把手"亲自上阵指挥，除了能鼓舞士气，作战策略可能满盘皆错。前线打仗的指挥权应授予将军，他才是拥有理论和实践经验的专家。

第四次冲锋，他要让具备足够认知的人担任直播团队的"将军"。于是，他找到三位曾在字节跳动工作过的人，一位负责投流、一位负责审核、一位负责综合运营，以此为基础组建了团队，授权给团队之后他便全然放手。

新举措立竿见影。新团队的战斗力极强，第四次直播大获全胜，公司又恢复了活力，现在年收入30亿元，利润率高达20%以上。

让我们来看看"将军们"是如何重新设计战略战术，扭转乾坤的。

四大举措，扭转乾坤

1）直播内容差异化的依据是受众，而不是产品。

直播内容不能全天都一样，也不应根据产品而设定。直播内容设计的依据应该是不同时段里最活跃的人群画像。将合适的产品推送给此时段正好在线上的人，才是引流和转化的关键。

6点—8点：宝妈宝爸流量多，因为要早起给孩子做饭。

8点—9点：上班族流量多，在公共汽车或地铁里无聊地玩手机。

12点—14点：上班族饭后刷抖音放松。

15点—18点：工作相对轻松的岗位也许正在等待下班。

20点—22点：黄金时间段，流量覆盖面广泛。

22点—24点：需要情绪抚慰的人较多。

24点—第二天2点：失眠的人较多，需要哄睡。

2）构建三级产品梯度，促转化、明指标。

流量如水，建渠引水必须有坡度。但坡度大小的设计是有讲究的，太陡或太缓都不合适。这需要专业技术人员和财务管理人员相互配合，最终才能呈现出一套健康的财务模型。

以前的直播间卖美妆大礼包，单价几千元，买的人很少。之后调整为几百元的产品，虽然能卖出一些，但利润太低，基本不赚钱。新团队对产品组合重新设计，建立三级产品梯度，分别是150元、2000元和6000元（见图2-8）。

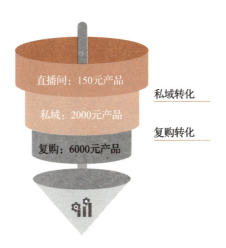

图2-8　三级产品梯度

直播间通过售卖150元的产品吸引流量，之后再通过电话回访和加微信的方式，将购买流量产品的客户带入到私域中，同时推荐2000元的产品。如果成功转化客户，再过一段时间，通过微信交流或电话沟通，推荐其复购6000元的产品。新团队由此构建三级产品梯度，一步步促进单价更高产品的销售转化。

这种设计还有一个好处，就是可真实呈现转化率漏斗指标：

- 150元产品的导流比例是多少？

- 从150元到2000元，产品的转化率是多少？
- 从2000元到6000元，产品的复购率是多少？

在和损益指标相结合分析之后，将这三个指标定在什么程度能保证获取收益，就非常清晰了。例如，客户微信添加率至少要达到75%；从150元到2000元，产品的转化率在3%以上；从2000元到6000元，产品的复购率必须在30%以上。

如此，产品梯度和转化率漏斗指标已十分明确，公司对负责各大节点员工的考核指标也已非常清楚。只要锁定这几项指标，有针对性地调整执行动作，使整体收益模型保持健康，利润就有了保证。

3）投流，是选择内容驱动，还是选择广告驱动？

创始人原计划是要像东方甄选一样以内容吸引流量，但团队没有制作内容的基因。新团队最后决定使用千川投流，提高系统的推荐力度，让更多客户刷到自己的直播间。

投流的顾虑，是成本极高，但团队有自己的小算盘。虽然公司每月广告费要达到几千万元，直播间只卖150元的导流产品，从表面上看不可思议，但实际上ROI（投资回报率）却高达0.8~0.9，这意味着投放直播流量的钱几近回本。而通过直播，公司能收获购买2000元和6000元产品的潜在客户，促成单价更高产品的销售转化，这笔账就划算了。

4）到底在哪个城市进行直播？

每个城市之间的气质、氛围和文化各不相同。这些特质，决定了当地的商业优势、人才结构和供应链配置。互联网虽打破了地域限制，但我们应该意识到，直播仍是人的活儿，而且它还需要一系列的配套服务。选择最适合的城市，将大大提高成功的概率。

创始人的前三次直播都选在北京进行，北京是政治中心，网红的氛围与文化并不突出。杭州、成都、长沙才是电商和直播兴起的中心，人才与配套服务也都更齐备。尤其杭州，以科技互联网知名，更是跨境电商的聚集地。新团队的三位将军就都来自杭州。

新团队最终决定在杭州建立30个直播间，每间配备4个主播，互相搭配轮班，按照不同时间段客户的特质，安排不同风格的主播和内容，每日直播16个小时。

直播间迁至杭州后，无论是主播招聘、直播间搭建、客服团队组建与培训，还是物流支持等方面，都大大提高了效率和质量。

方法和工具都是可以被复制的。我曾问我的这位同学，是否担心有公司"砸钱"与他竞争？他说一定会有，但自己也有信心，因为以上的方式方法，是建立在一个核心竞争力之上的，那就是公司的高毛利自营产品战略。

公司选择自营美妆护肤品类，加之规模足够大，就能承担较高的投放成本。若竞争对手只做代理，那么其佣金是难以支撑同样体量广告投放的。如果同样选择做自营产品，则更需要巨大的投入和长期经营。此为公司的先发优势，也让竞争对手难以靠近。

上文曾提到,"一把手"不能随意"御驾亲征",不要用自己的爱好去挑战别人的专业,除非自己的学习能力超强,可以快速变得专业,否则前线打仗的事情还是交给专业人士的好。而关于企业文化、人才选拔、战略转型和布局竞争壁垒等,才是创始人显示能力与智慧的战场。

7. 降本增效的飞轮循环

一直以来,我们都非常依赖付费广告带来的流量。曾听说某知名教育机构,每年仅打印传单的费用就将近1亿元。现在移动端的基础设施和软件环境已十分成熟,如运用得当,内容流量和社交流量的成本将更低,效果较之前的付费方式甚至更好。我现在给自己提的要求就是,尽量不投广告或购买流量。其中的原因,除降低成本之外,更有提高效率的意义。

以往常用的销售方式之一,是付费给渠道进行获客,统称为"CPA"[一]。渠道方得到有咨询意愿的客户信息(我们称之为"资源")后,对接给机构,按数量收取费用,比如每个资源200元,提供1000个就收费20万元。这种获客方式的成本很高,100~200元是相对便宜的价格,很多都高达几百元。

一手交钱,一手交信息,无可厚非,但此种获客方式却

[一] CPA 为 Cost Per Action 的简称,意思是为每次的用户行为支付的费用。用户行为,可以是达成一次交易或者对网络广告的一次点击等。

深藏博弈风险：因为对渠道来说，造假的诱惑太强了。编造客户信息几乎不需要成本，努力获取真实客户信息的成本反而很高。于是，真信息成了"成本"，假信息倒成了"利润"，在利益最大化的诱惑下，渠道的造假行为屡见不鲜。而我们能反制的方式却极其有限，识别造假难，更换渠道更是劳民伤财。任由其发展下去，对公司的伤害是巨大的。浪费资金只是一方面，更严重的是引发一系列负面连锁反应。表面上，假信息降低了转化效率，实际上，这将极大地影响销售人员的业绩，给他们造成很强的挫败感。后果很可能是士气低落、人员离职、管理难度加大，最终降低整个公司的运转效率和收益。成本高、易造假、危害大，所以向渠道买资源，是一种比较落后的获客方式。

与之相比，内容流量和社交流量的精准度更高。如果一位客户能通过短视频、直播和付费筛选的方式进入流量池，那他一定是精准用户，不存在造假。完备的基础设施搭建，使优质内容与社交相结合，让三粉飞轮得以运转，形成从获取流量到转化的立体协同作战。再进一步，优质内容让"客户员工化"成为可能。客户更懂客户，这就使流量获取、销售成本和效率再次得到优化（见图2-9）。

夏鹏老师的团队虽只有7人，人效比如此之高，正是因为启动了"三粉飞轮"系统的正向循环。首先是内容好，"三粉飞轮"能转起来，这就形成了第一层级的降本增效。下一步，优质的内容产品充分调动起客户的积极性，促使其员工化,这将再一次提升效果,实现第二层级的降本增效。消除了与渠道博弈的成本浪费和负面影响,公司可以将更充裕的资金和精力放在内容和产品上,整体收益会越来越好。

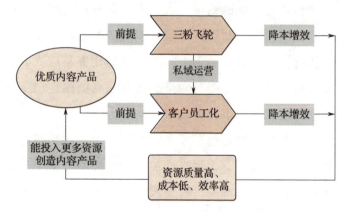

图2-9 "三粉飞轮"系统的正向循环

短视频流量经济的新型运行模式,让组织结构和战略思维产生了巨大变化。在"三粉飞轮"系统的作用下,公域和私域被打通,内容生产和销售紧密相连,客户和员工的边界也逐渐模糊。在以往,获取流量通常是市场部的事情,和销售、产品、客户信息管理相对割裂。现在需要转变思想,从整体角度设计流量获取及转化的运营细节,才能在新流量时代创造收益。

中国人做事情历来讲究天时、地利、人和。新流量时代亦如此:"地利"是要找到正确的流量入口和转化场景;"人和"是要使用专业的运营方法和精尖人才;"天时",

是指看准宏观的趋势。短视频平台从出现、爆发到现在的快速增长,已经有近五年的时间,现在入局还来得及吗?

要点回顾

1. 每个场域的作用不同,场域内的粉丝也各有特点,不能混为一谈。

短视频(兴趣)——泛粉(对短视频内容感兴趣)。

直播(触达、筛选、导流至私域)——精粉(精准粉丝,对解决方案感兴趣)。

私域(运营、销售、裂变)——铁粉(私域的关键,消费主力,反哺公域)。

2. 正是有了私域铁粉的加入,才能让线性的流程形成闭环,我称之为"三粉飞轮"。在闭环中,涨粉和变现的势能在循环中不断增强,提升效率。

3. 铁粉的裂变效应,是"三粉飞轮"的关键。裂变,实际是客户信任的"变现"。

4. 私域是达成效果的关键,就像在流量与成交之间形成了一个加速带。

5. 如何更有效地维护私域?第一,适量付费;第二,持续直播。

6. 适量付费不仅能为我们筛选精准客户,更能为客户筛选精准同伴。

7. 我们为粉丝提供的服务,属于"上菜模式"还是"点菜模式"?

8. 最精准的裂变，是让有信任基础的人做操作难度低的转介绍。谁能把这一步做得更好，谁的流量池和最后的转化效果就更好。

9. 客户愿意分享的不是产品，而是他们的优越感和高光时刻。客户愿意说的内容，不是你想说的，而是他们想说的。公司要学会适当安静，让客户自己发声，这样才能让客户裂变发挥出巨大的能量。

10. 私域运营成本高怎么办？客户员工化。

11. 同行业学习可以成长，跨行业启发可以领先。

12. "吸引力法则"——精神上同频共振的人会互相吸引。你希望客户是什么样的人，就招聘同类的人来吸引他们。

13. 直播内容差异化的依据是受众，而不是产品。

14. 不要用自己的爱好去挑战别人的专业，实践操作需具备行业认知。

15. "三粉飞轮"系统的正向循环：首先是内容产品好，"三粉飞轮"能转起来，这就形成了第一层级的降本增效。下一步，优质的内容产品又充分调动起客户的积极性，促使其员工化，这将再一次提升效果，实现第二层级的降本增效。消除了与渠道博弈的成本浪费和负面影响，公司可以将更充裕的资金和精力放在内容和产品上，整体收益会越来越好。

16. 短视频流量经济的新型运行模式，让组织结构和战略思维产生了巨大变化。在"三粉飞轮"系统的作用下，公域和私域被打通，内容生产和销售紧密相连，客户和员工的边界也逐渐模糊。

第三章　短视频流量下半场的博弈

创业最危险的是：认知尚未到位，实践却已经开始很长时间了。

在初创拾光文化时，我觉察到低线城市对教育资源的迫切需求，想以自己较成功的线下模式经验为参考，在下沉市场打造类似的直营业务。但这样的经验迁移，却发生了未曾想到的问题。

首先，财务模型不健康。我的团队在北京，人力成本较高，而四线和五线城市的客单价很低。这就变成用很高的管理成本，经营收入很低的店，利润根本无法支撑。

其次，团队在一线、二线和三线城市有较丰富的校区管理经验，但对低线城市的商业环境非常陌生。无论是交通条件、文化习惯、社会关系，还是做事风格，团队都很不适应。虽然小伙伴们极有战斗力，也取得了一些业绩，但干得很辛苦，可谓事倍功半。

做了一段时间之后，我才察觉到其中的问题——不是产品设计不好、不是团队能力不足，而是自己太过于依赖经验，没有做到因地制宜。与团队一起复盘后，我决定从直营模式转为代理经营，将门店交给本地合作方。效果立竿见影，代理们既有人脉又有资源，还有在当地做生意的认知，很快便获得了翻倍的收益。

这就是"惯性思维"带来的问题。人们很容易将过往经验套用在新事物上，因此忽略了新事物独有的特性。如果对你来说，短视频平台也是一个全新的领域，那一定要警惕"惯性思维"带来的负面影响。

在本书的第四章至第七章，我们将具体介绍在新环境下获取流量和变现的系统方法。但在此之前，希望大家一定要先做好思维的升级、转化，对即将面对的商业环境要有清晰的认知。短视频平台上的流量竞争已经进入"下半场"，是时候重新审视游戏规则了。

1. 流量红利的新面孔

浏览量变少了？
转化率变低了？
销量变差了？
人都去哪了？

近两年常听人说，流量遭遇瓶颈、流量触天花板、流量红利一去不返。这个判断几乎无可辩驳，因为从数据上看，期待再现洪流般的增量已不切实际。截至2022年6月，我国网民规模为10.51亿，互联网普及率达74.4%，网民使用手机上网的比例为99.6%，短视频的用户已经占网民整体的91.5%。[1]无论从什么角度看，新流量诞生的空间都很小。

进而大家举出各种例子，比如多少品牌营收腰斩、网红主播生意惨淡、短视频直播公司倒闭、线上业务赔钱等。这不禁让后来者心惊：流量红利没有了，这么多"前辈"都支撑不下去，那我们这些"小白"还能赚钱吗？

如何理解流量红利

在讨论流量红利是否要为业绩"背锅"之前，我们先来理解一下"红利"的含义。在商业语境中，"红利"通常出现在供需失衡的时候：一种需求已大量出现，但供给还未能跟上。买家多，卖家少，生意自然好做。

$$红利=需求量/供给量$$

但这种失衡很快会被消灭。因为看到赚钱机会，卖家会迅速增加，当供需回归平衡后，红利也就衰退了。

短视频平台流量红利的道理与之相近，天平两端，一边是用户流量，一边是供给对流量的同期消耗。浅层理解，当

---

[1] 2022年8月31日，中国互联网络信息中心（CNNIC）发布第50次《中国互联网络发展状况统计报告》。

流量总量大于同期供给消耗的时候，红利就大于1。

流量红利=流量总量/同期供给消耗

流量的本质是注意力时间。每人每天能使用的时间有限，同一时间段的注意力也只能被消耗一次。所以，维持流量红利，特别依赖于新客的增长。如果新流量不再涌入。而同期供给消耗增长到一定程度，红利就会变得无限微小。

但不是所有的供给都能消耗流量。人们的注意力总是会被更高质、更精准的内容吸引。好比有100个观众喜欢看宠物视频，而平台有10位制作宠物视频的创作者。其中一位创作者的内容远好于其他人，那么他极有可能拥有全部100位观众，而其他9位创作者连一个观众都没有。这意味着，获得流量是一场赢取注意力的竞争，与先来后到无关。

还有一种说法，是将流量红利和平台政策挂钩。在平台建设初期，为吸引更多人入驻，平台会为商家免费导流，或对推流费用给予很大的折扣优惠。平台壮大后，会开启盈利模式，取消补贴政策，甚至开始竞价，商家会感到流量成本越来越高，"流量红利"也随之消失了。

对上面提到的情况，我更愿意称之为平台的"政策红利"。能搭上"政策"的顺风车固然好，但这种"红利"非常短暂，也不建议作为财务模型的基础。起决定作用的，仍是供需关系。没有补贴政策的干扰，供需关系的表现反而更真实，对分析和决策更有利。

总之，"红利"最大的特点就是：来去匆匆，终将消逝。这意味着，抓红利的要点在于，不但下手要快，还要随时为失去红利做好准备。短视频平台的流量红利确实依赖增量的支撑，但也要看供给是否能更好地满足用户的需求。

在此基础上，让我们回到本章最初讨论的问题：人们抱怨的短视频浏览量变少、转化率变低、销量变差，是因为流量红利消失了吗？

流量是否真的见顶了

有人形容刷短视频就像打开糖罐吃糖果。第一颗放在嘴里，"呀！真甜！"然后忍不住再吃一颗，"呀！果然很甜！"于是一颗又一颗……

最新的数据显示，现在日均观看短视频超过60分钟的用户占比达56.5%，人均每天使用时长升至87分钟。[一] 每天看短视频的时间已如此之久，还会有新的流量进入吗？停留时长还能再多吗？

我对此持乐观态度。因为在流量总量一定的情况下，各渠道定会呈现出此消彼长的趋势。新流量正在从其他领域向短视频平台大量涌进。

以下三类流量的转移值得重点关注：

新搜索引擎

我曾跟朋友学玩一种扑克游戏。听他讲完基本规则后就各自忙碌，很难有机会再面对面学习技巧。朋友说，你去抖

[一] 中国广视索福瑞媒介研究（CSM）发布《2021年短视频用户价值研究报告》。

音搜索这个扑克玩法的关键词吧!只要把视频里讲的技巧都掌握了,水平肯定不会差。

我不知道抖音还可以这么用,试了一下果然被震撼到。输入关键词后,技巧、方法、诀窍、练习应有尽有,讲得不仅清楚、生动还非常有趣,让人禁不住一个接一个地看下去。这种体验,是在传统搜索引擎上无法得到的。

从此以后,无论是做饭的菜谱,还是买东西应该怎么挑,甚至是孩子看什么课外书,我都会先上短视频平台搜一搜,看一看大家的说法,每次还都挺管用!这让我察觉到,用户的搜索行为正在发生变化,这对短视频平台来说,是一个长期的、巨大的利好。

为什么搜索引擎会如此关键呢?

大家可能首先会想到关键词广告,但这只是搜索引擎的变现方式之一。其核心意义是,在信息大爆炸时代,用户的搜索需求会长期存在,搜索引擎是稳定的、聚集巨大流量的初始之地。它像一个中转站,将周边生态串联起来,汇聚流量的同时还具有长尾效应,比如人们会从一个关键词的内容中继续发现其他的关键词,接连地搜索下去,由此挖掘出更多内容。流量就是生意——具有如此强大的流量"汇聚"和"分发"功能的搜索引擎,是互联网世界的"金字塔尖",是无数小生态依附的支柱。

今时今日,用户的搜索行为已明显向其他平台迁移。根据我查到的公开数据,尽管独立搜索平台仍有71.5%的使用率，位居第一，但仍然有约68.7%的用户会在短视频平台进行搜索，这使短视频APP成为使用率第二的搜索工具。

用户使用互联网，归根结底是在消费内容。随着中国互联网从无到有的发展，用户对搜索的答案也提出了更高的要求：不仅要更精确，还要更直观、更生动形象。相比之下，短视频就凸显出它的天然优势了。其实很多年前，百度百科页面就已经出现了短视频（"秒懂百科，一看就懂的视频百科"）来辅助图文展现答案。但短视频平台提供了更高的附加价值。

我曾买过一个需要自己安装的小书架。打开包装后，说明书只有一张印有二维码的纸，上面写着"扫一扫获取安装指南"。扫码后我发现它跳转到了商家的抖音号。我在搜索栏中输入书架的型号，就找到一段演示视频。虽然视频制作稍显粗糙，但安装步骤如何，有什么注意事项，在短短三分钟内被展示得明明白白，比我自己看说明书方便多了！更有意思的是，这种方式还让我好奇地打开了卖家的抖音主页，发现除了安装演示，还有新品介绍、商品评测等，忍不住又多看了几个视频。商家用短视频来代替纸质说明书，降低了用户操作难度，并将短视频链接到自媒体，打通了另一个信息触达的端口，有助于形成从公域到私域的商业闭环。

搜索结果的体验好，闭环设计得好，转化就更高效。相比传统搜索引擎，用户在短视频平台搜索后的转化率更为惊人。最近的数据报告显示，2022年"抖音818发现好物节"

中，通过搜索功能带动的销量，同比增长高达359%。

现在各大短视频平台都在加强其内容生态建设以更好地满足用户的搜索需求。抖音在2022年2月已经与苹果Siri达成合作，加强终端"抖音搜索"用户体验。这些垂直类APP终将各自成为特色鲜明的新搜索引擎，吸引更多流量和增加停留时间。

新资讯平台

除了搜索引擎，资讯平台也是流量的核心聚集地之一。我的一些年轻朋友的家里，已经不再安装电视机，即使安装了也几乎不开机。全家老小坐在电视机前，整整齐齐看新闻的时代一去不返。热点时事，大事小事，都可从手机APP上看，或由系统被直接推送到每个人的手机屏幕上。

获取新闻资讯也是历史悠久且长期稳定存在的一项大众需求，是另一个流量峰聚之地。观看新闻也正在从电视媒体、资讯类APP，逐步向短视频平台转移。

标志之一便是各类官方媒体和电视台均已进驻抖音，如中央电视台、人民日报等。他们的视频制作精美，粉丝量庞大，并且涨粉非常快。截至2022年11月，央视新闻粉丝已达1.5亿，人民日报粉丝为1.6亿。

标志之二是资讯类APP的流量增速减弱。在2018年半年度中国移动互联网实力价值榜中，今日头条排在"用户规模亿级玩家"第22名，抖音紧随其后，排在第23名。在2022年的同期排行榜中,今日头条仅前进2名至第20名,而抖音则跃升到第4名。也有人陆续退出了资讯类APP赛道,如腾讯旗下的"看点快报"(原名为"天天快报")在2022年7月宣布停止运营,从各大应用商店下架。

短视频平台作为新闻媒介,比图文更具冲击力,更有带入感,但也容易失真、过激和偏颇,这对平台来说是巨大的风险。庆幸的是,随着主流媒体的加入和监管力度的加强,这些问题都在逐渐规避和改善。相信短视频平台将成为新的资讯聚集地,会有更多注意力转移至此。

新本地生活服务平台

在一片"流量红利没了"的哀嚎中,有位生活在小城市里的年轻人却用短视频直播卖非遗小吃的方式,赚到了人生的第一桶金。他甚至没有自己开店,只是每天拍拍小吃店的短视频,有人下单他就去买,之后包好寄走。

我们之前习惯于在美团、饿了么上订外卖,团购套餐,现在却经常被商家问道:"是在抖音领的优惠券吗?"

就连招聘也在短视频平台上如火如荼地进行着。有在公司里声情并茂地介绍工作环境和薪酬福利的,也有指着身后的大巴,热情地招呼人们去参观工厂的……

通过短视频平台转化后的本地服务,既有社交的温度,又有线上电商的效率,具有极大优势。

这便是抖音和快手都瞄准的下一个流量增长点——本地

生活服务。在2021年10月召开的磁力大会上，快手提出"新市井商业"的概念，有意将线下传统集市的喧嚣热闹，以及店家和顾客之间的熟络景象，在线上复刻。同年12月，快手与美团宣布达成互联互通战略合作。抖音紧随其后，于2022年3月入局进口超市业务，新增"二手好物"频道和"回收寄卖"服务。同年6月，抖音本地生活服务开始抽佣，新增"抖超送货上门"自营服务。2022年8月，抖音和饿了么宣布合作，完善"到家"服务，加大满足本地生活需求的力度。

可预见的是，短视频正在大量吸收其他领域的流量，除搜索、资讯和本地生活之外，还有长视频、招聘、婚恋、二手交易、各种业务办理等，只要信息能用视频呈现，注意力的迁移就会开始。所以，短视频平台的流量增长还远未见顶，原有用户也会因为新需求的激活而停留更长的时间。

2. 存量博弈：更精致的吆喝

不可否认的是，从整体上看，互联网流量已从增量市场变为存量市场。存量竞争让人恐惧的特点是，更加残酷的零和博弈——此消彼长，"你死我活"。

互联网的"马太效应"⊖又最为凶猛，大有"天下武功，唯快不破""大杀四方，一统江湖"的气势。先发者趁门槛

⊖ 马太效应：一种强者愈强、弱者愈弱的现象，广泛发生在社会、经济、金融等领域，往往指少数赢家获得了绝大多数的资源。

低、竞争少，借助技术和资本加速，在极短时间内聚起庞大流量，虹吸更多资源，筑起高大护城墙。如在第二章提及的工业化直播，创始人一举投入30个直播间，每天播16个小时，每月投入几千万元的广告费用。此等规模的城池堡垒，让挑战者望而却步。

老玩家坚不可摧，新对手也层出不穷。大量新兴创作者不断涌入短视频平台，数量屡创新高。据公开数据显示，仅2022年上半年，新入场的玩家数量就比上年同期增长了1.7倍。僧多粥少，这个逻辑推导下来，好像流量确实被瓜分得差不多了，以至于网上经常有文章说"腰尾部博主艰难争夺剩余流量……"。

在悲观情绪面前，我仍想用底层逻辑来分析问题。前文曾提到，在一定程度上，流量是否被消耗，与内容和需求的匹配度相关，因为人们的注意力总会被更高质量、更精准的内容吸引，无论先来后到。

所以很多人感受到的流量变少，问题很可能不在流量上，而在内容上——我们必须"吆喝"得越来越讲究，越来越精致。竞争者越来越多，想要脱颖而出，就要发布更高质量的内容，制作难度水涨船高，无形中增加了获取流量的成本。逆水行舟，不进则退。没有做好迭代，注意力就会被竞争对手吸引走，自己池中的流量肯定会变少。

何为精致？请更优秀的编导、用更专业的技术或更精美的设计？莎士比亚有句名言："一千个观众眼中有一千个哈姆雷特。"每个人对"精致"的要求都不一样。我们花费精力和金钱制作的内容,很可能收不到预期的效果。

如何让"精致"的方向不跑偏?我建议盯住三点:

第一,深度理解短视频的"商业场景"。

第二,重视由"场景"决定的"情绪价值"。

第三,不断寻找和定位更具优势的"流量洼地"。

商业场景:在迪士尼乐园里开店

线下开店,最重要的是什么?华尔街有句名言在地产界被广为流传:"地段,地段,还是地段。"线上平台也各有类似"地段"的商业场景特色。

电商可简单分为三种:一种是以阿里巴巴和京东为代表的实物电商,一种是类似混沌学园、喜马拉雅的知识付费型电商,还有一种是像美团、饿了么这类提供生活服务的平台。但它们有一个共同点,那就是都像一个大商场。客户们或有目标,或是闲逛,但来的主要目的还是购物。

短视频平台与电商有本质上的不同,它更像是一个拥有近6亿名游客的迪士尼乐园,是一个设计精良的闭环综合体,一站式满足用户的游乐、美食、购物、休闲等各种需求。在短视频平台上开账号,就像在迪士尼乐园里开店。我们首先要意识到,人们来游乐园的第一需求是娱乐、放松,顺便再做点别的事情,不是来上课和听人说教的。在短视频平台上,最受欢迎的内容,一定能赋予用户很高的"情绪价值"。

情绪价值:"四声五感"

在短视频平台,什么样的作品最受用户欢迎?很多创作者极其关注作品传递了什么信息,能让用户从中学到些什么,这类所谓的"重点"。实际上,最应该优先考虑的是,用户从我们的视频中能感知到什么样的情绪。

营销领域对情绪的关注由来已久。早在20多年前,美国爱达荷大学商学院的杰弗瑞·贝利教授就提出"情绪价值"的概念。[1] 他从顾客与企业之间的关系营销视角出发,将情绪价值定义为顾客感知的情绪收益和情绪成本之间的差值。情绪收益为顾客的积极情绪体验,情绪成本则为负面情绪体验。情绪价值越高,顾客对品牌的忠诚度、信任度越高,企业越能建立核心竞争优势。[2]

情绪价值=情绪收益(积极情绪体验)-情绪成本(消极情绪体验)

应用在短视频平台,就是一个成功的作品、一场高效的直播、一堂精彩的课程,必须能唤起用户足够多的积极情绪。我将其总结为:"四声五感":掌声、笑声、欢呼声、惊奇声;同感、泪感、正义感、幸福感、认同感(见图3-1)。

---

[1] Bailey J, Gremler D, McCollough M, 2001. Service Encounter Emotional Value: The dyadic influence of customer and employee emotions [J]. Services Marketing Quarterly, 23 (1):1-24.

[2] Barlow J, Dianna, M, 2000. Emotional Value: Creating Strong Bonds with Your Customers [M]. Berrett-Koehler Publishers.

```
          连接更深层心理需求
         同感、泪感、正义感、
           幸福感、认同感
        对他人或事件在情绪上的本能反射
         掌声、笑声、欢呼声、惊奇声
```

图3-1 情绪价值的"四声五感"

"四声"是我们对他人或事件在情绪上的本能反射,"五感"是与道德、归属、自尊、自我实现等更深层心理需求的连接。

陈奕迅演唱的《孤勇者》里有一句"爱你孤身走暗巷,爱你不跪的模样",激起多少辛苦打拼、与逆境战斗的人们的泪感,让坚持自己的人觉得被理解和认同。歌曲的片段因此被全网疯传。但同样的爆款视频,是一位小学生一脸严肃,声嘶力竭地唱"去吗?配吗?这褴褛的披风",让人忍俊不禁,甚至哈哈大笑。同样的素材,以调动不同情绪的角度去创作,都能收到很好的效果。

通常来讲,调动情绪的种类越丰富,节奏越密,反转越多,效果就越好。有一段泰国的公益广告让我印象深刻。广告一开始描写了一位小男孩的母亲生重病在床,但家里没钱买药(同感即同情),他只好去药店偷药。小男孩被药店老板抓到,遭受一顿痛打。此时此景正好被旁边的小卖铺老板看到,他出面阻止,帮小男孩支付了100元的药费(幸福感,还是好人多)。很多年后,小卖铺老板患重病住院,他的女儿看着手里高昂的药费账单满面愁容(同情,还有一点点担心),哭着睡着了。第二天醒来,她发现账单被换成了"已付清"的通知单(惊奇声),里面还夹着一张纸条,上面写着"你父亲的药费,在20年前已经支付完了"。(掌声)原来,给小卖铺老板治病的医生,正是他当年帮助过的小男孩(幸福感,好人一生平安)。

一个简单的小故事,却蕴藏着许多转折,让观看者的心境不禁随着情节起伏而波动,这么多年我依然记得诸多细节,可见情绪价值的巨大力量。

但是,强调情绪价值并不意味着忽视信息的重要性。情绪是信息传播的附着点,是为了帮助信息更能"直击人心"。如果只表现情绪,却不传达有效的商业信息,那么作品吸引来的客户很可能不是目标人群,很难变现。

还有一点很容易被忽视,调动正面情绪需要很多技巧,但引发负面情绪只需一个小细节。主播不经意间的一个眼神或一句话,一幅色调灰暗的画面(被网友调侃为"阴间色调"),一段不合适的配乐(音量过大,过于吵闹,与情绪不搭),都可能给用户带来不舒服的感觉,以至于马上被划走。准确识别和改正这些细小问题,需要视频制作者在日常工作中不断磨炼专业能力。

内容进阶三步法

又是情绪,又是信息,还要把握用户的喜好,让人感觉十分复杂。在这里,我向大家介绍"内容进阶三步法":打破认知、情绪抚慰、风趣幽默(见图3-2)。

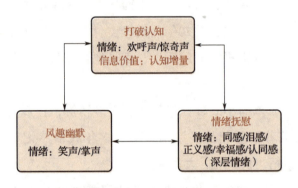

图3-2 内容进阶三步法

1)打破认知。内容的信息价值,取决于为用户带来的信息增量,也就是能在多大程度上拓展甚至颠覆用户的认知。传递信息的方法也绝非单纯地平铺直叙,而是要激起欢呼声和惊奇声,使内容兼具信息价值和情绪价值。

2)情绪抚慰。绝大多数人都无法避免焦虑、压力、空虚等负面情绪。过量的信息轰炸也容易带来知识焦虑。所以,如果我们的内容可以起到抚慰人心的作用,让用户觉得"被治愈了",便会引发最大范围人群内心深处的共鸣。

3)风趣幽默。不得不说,在"四声五感"中,最受用户欢迎的,就是"笑声"。正因为压力和焦虑的影响,人们对快乐的追求才愈加强烈，再加上短视频平台本身的泛娱乐属性，风趣幽默的内容自然是最喜闻乐见的。

能将"四声五感"中的其中一点发挥得淋漓尽致，已经算是很优秀的内容了。再进阶的方向，就是从其中的一点出发，加上第二点，再加第三点。同时具有以上三个特点的作品，我称之为"精致的吆喝"——既能吸引流量，又能有效传递信息。

比如，东方甄选堪称开创了"英语学习+直播带货"的先例——用广博的英语知识打破观众认知，用诗与远方的"鸡汤"抚慰人心，再加上新东方标志性的讲段子功力——三管齐下，见效极快。再比如，教画画的视频比比皆是，但有一位老师，通过在一张纸上不断地写下明星的汉语名字，最后竟能使明星的面容跃然纸上。其精湛的画工（打破认知）、新奇的创意（有志者事竟成的积极意义），再加上明星流量（娱乐属性），迅速揽获大量粉丝。有关内容创作的要点，本书第五章还会有详细讲解。

克服手机屏幕的"水土不服"

要想将情绪价值带到用户面前，我们还要攻克一个难关：手机屏幕对"情绪场"的衰减。我曾遇到过好几位老师，线下授课时非常受学生欢迎，气氛特别热烈，但在线上开讲却反应平平，甚至冷场。因为线下和线上是两座极其不同的舞台。

脱口秀演员可谓是做"情绪生意"的专家。热门综艺《脱口秀大会》第一季的时候,很多有着丰富的线下经验的老演员,愁眉苦脸地说,明明在小剧场里很"炸"的段子,当站在灯火辉煌的舞台上,又面向互联网观众的时候,就是不好笑!无论是表演节奏、段子内容,还是表演方式,全都要按照新的场景重新打磨。

这和我们从线下转到线上经营的感觉是一样的。总结起来,三个基本问题造成了很多项目的"手机水土不服":

1)手机的屏幕很小。
2)用户的耐心极其有限。
3)你看不到真实的用户。

首先,小屏幕极其折损情绪的能量值,俗话说就是会"减弱气场"。比如,在线下的一间教室中讲课,老师的气场会被聚拢在一个封闭场所,学生就很容易被点燃。但在线上,面对小小的屏幕,学生身边还有很多干扰,讲话者的气场就被削减得非常弱了。如果说在线下是"娓娓道来",在视频里可能就变成了"絮絮叨叨"。所以,在短视频或直播中,无论是语言、动作还是表情,都必须比线下"放大"很多。这需要主播自己的情绪很高亢,持续打造一个"情绪场",这样才能通过屏幕感染用户。

其次,因为用户离开只需轻轻一划,所以其耐心是极其有限的。在封闭场所中,如教室或商场,观众的离开是受限的，大家不介意多留一会，等到最精彩的内容出现。但在线上，人们但凡觉得一点点没意思，拇指一动就去看下一条了。

这就意味着线上内容的精彩点必须密集——密集到以秒计算。在短视频中，若三秒之内还没出现能抓住用户的点，就留不住人了。直播时的节奏更有讲究了，后面章节会讲到。

那什么样的内容才能留住人呢？仍是上文提到的"情绪价值"。线上用户对情绪价值尤其重视。视频和直播的优势，就是能生动地传达感情。线上内容除专业性、实用性之外，更重要的是能调动起用户的情绪，让用户感到快乐、抚慰、情感上有共鸣和收获。线下有很多老师本就更重视专业性，忽略了情绪的感召力，而转到线上后，问题就更显著了。

最后，我和做直播的朋友交流，他们一致认为最难攻克的一关是见不到真人。朋友形容这种感受是：心里非常慌，不知道自己在跟谁说话。一直在自我怀疑："真的还有人在看吗？"不知不觉情绪更加低落，离开直播间的人也就更多了。

这需要一种心理上的转变，专业上称为"克服对象感"，是一种难度很高的能力。很多电台主持人是需要练就这个本事的，但短视频直播间所处的环境，比电台直播更具挑战。视频直播不但有声音还有画面，相比于电台主持人，视频主播不但要讲话，还要注意表情和肢体动作。

除了刻意训练外，视频主播还需学习一些专业的辅助手段,主要针对评论区的互动,比如安排"气氛组"或让观众打字回应。当主播对着屏幕喊"扣1",评论区纷纷出现"1"的时候,不但能促进平台引流,更是对主播的激励和鼓舞。

总之,有些内容或表达线下灵但线上不灵的根本原因,大多是没有足够重视线上环境的独特性,主播自身也需要训练和专业的技术支持。

本书第六章将重点介绍直播的难点和攻克技巧。

定位:找到流量洼地

"流量洼地"是流量概念中的"蓝海",通常指尚未被广泛关注,但有流量逐渐聚集的地方,如前期的抖音、微信视频号。与"流量洼地"相反的概念是"流量高地"。当抖音和微信视频号平台进入成熟期,拥有庞大流量的时候,它们就变成了流量高地。那里面高手如云,堡垒高筑,竞争激烈。

罗永浩老师为什么定位抖音平台去做直播?因为当时的淘宝直播已被几位头部主播占领高地,其他人很难再挤进第一梯队。小微初创企业想崛起,不能在对手最有优势的领域中战斗,要找到流量洼地,弯道超车。

可能有朋友会问:"现在短视频平台也是红海啊!我们还能去哪?"

其实,寻找流量洼地,可从三个层面挖掘可能性:

第一个层面，从大行业赛道的角度考虑，俗称"大山头"。如果一座山里挤满了掘金者，后来的人就要到别的山上碰碰运气。比如，我们用"读""听""看"来分别代表图文平台、音频平台和视频平台。视频平台赛道比较拥挤之后，近期"听"的赛道又悄然复苏。很多人因为在某些场合不便于观看视频，或者逐渐厌烦短视频的喧嚣，所以转向播客类内容。与传统知识付费类的音频APP相比，新的播客平台包罗万象，制作水平普遍很高，提供沉浸式的"听"内容体验。现在这些播客APP正在吸引创作者和品牌方入驻。再比如，VR视频也被普遍认为潜力巨大。跨界融合，也容易创造新的流量洼地。

第二个层面，平台之间的差异机会。短视频平台发展到现在，已基本形成比较鲜明的客户群差异。比如，小红书的使用者多为高线城市的精致女性，哔哩哔哩年轻人居多。虽然抖音同期流量最高，但针对不同受众，去不同平台发力，效果更好。不同平台的特点和选择标准，详见本书第四章。

第三个层面，一家平台内的细分市场机会。通向蓝海的路标，不是竞争者的多少，而是未被满足的需求。我自己的抖音号（@肖云学长×职场源知识）从零开始，到百万粉丝，历经三次迭代，总结经验，就是不断寻找差异化的需求定位：

起初，内容的定位是"关注我，创业不迷路"。虽然创业和公司运营是热门话题，但人群规模相对较小，很难超过已有的头部，因而账号成长缓慢。

之后我调整赛道，聚焦职场，内容改为"关注我，职场不迷路"。职场是一个大赛道，有相当规模的人群基础。调整后的账号流量渐有起色，但仍面临很大问题，因为主讲如何升职加薪、未来规划和人生道理的账号太多了。所以，我继续寻找细分需求。

当一条视频《商务局上领导让我去买烟怎么办？》爆火之后，我发现了一个新的方向：很多年轻人初入社会，不熟悉人情世故的底层逻辑，身在职场，就更容易不知所措。一些看似琐碎的小事，比如饭局、请假、年会、节日送礼等，都会造成很多人际交往上的困扰，使他们陷入自我怀疑的困境，进而影响职场上的表现。这是一个细分需求，还没有被成熟的头部占据，而且也容易包含"打破认知、情感抚慰、风趣幽默"这三要素。所以我迅速将账号内容重新定位为"公司不培训，但你又需要知道的职场源知识"，结果几天之内就达到了以往一个月的粉丝增长量。

同一平台内的流量洼地，存在于大赛道中未被满足的细分需求。其中的关键，一个是赛道的规模要足够大，这样才能有更多的发挥空间；另一个是要精准地抓到需求，再以创新的供给方式，以情绪价值为信息附着点，应用"三粉飞轮"模型，快速启动。

在流量竞争的下半场，小微初创企业的崛起一定要靠找到流量洼地。在多年的实践中，我有一点体会——与其更好，不如不同。无论是企业还是个人，发展的目标不是变得一样，而是变得不同。想变得一样只能"内卷"，变得不同才是成长。

下一个大风口在哪里

下一个起飞的流量入口将在哪里？有人提到虚拟主播，有人提到播客，也有人提到语音陪聊。但目前这些产品解决的仍是小众痛点，技术上的创新不够颠覆，尚未看到大规模用户注意力的转移。也有人担心，万一又错过新平台红利期怎么办？短视频崛起的初期，不也是很小众的产品吗？

要明白，不是所有的小众需求都能喂养出一个国民级平台。根据我的观察，下一个能引发商业变革的新流量入口，至少要同时满足以下3个条件，并且至少有一条要达到颠覆性改变：

1）人人可用，体验极大升级。

2）人人可有，软硬件的普及率都极高。

3）人人可创，创作的技术门槛非常低，这意味着用户的操作成本会低到可以被忽略。

为什么说"至少"呢？因为未来完全可能会出现全新的技术，在以上三条的基础上，再加上个第四条、第五条，重新定义"流量中心"的游戏规则。

比如，电视媒体的崛起，是因为与纸媒相比，它提供了全新的视觉刺激，又因为工业技术和材料的成熟，使大多数家庭都买得起一台电视机。但电视节目的制作，直到现在也不能称为"人人可创",它依旧需要信号发射等专业装置和大型机构组织的支持。

爱奇艺、哔哩哔哩等视频网站/APP从电视媒体手中抢走了流量,主要是因为它们颠覆性地提升了体验(从被动观看到主动点播,观看设备从固定到便携,不受时间限制,节目极大丰富),也在一定程度上降低了创作门槛,但仍达不到老百姓人人都能操作的水平。

而短视频平台的出现,在满足提升体验和软硬件普及之外,彻底将"人人可创"刻在了游戏规则之上——所有人都可以拿出手机,用软件拍一段视频上传,形成自己的内容发布出去。加上社会文化的发展,人们更愿意分享和展现个性,用户注意力再次大规模迁移,就不足为奇了。

我尚未注意到有满足以上三个条件的平台雏形,或是能颠覆其中一条的成熟技术出现。我也充满好奇地期待着,未来科技将带来怎样的惊喜。

没有人能永远"踩上点"。而当创业者陷入困境而焦虑的时候,最容易犯的错误就是多头下注。这也正是我想特别提醒正在关注"下一个风口"的朋友们注意的,务必谨慎尝试或投资所谓新的"流量入口"。

目前,短视频平台可以成为企业解流量之困,开启新周期的工具,也是个人创业者掘金的好机会。这种商业模式刚进入成熟期,影响仍在持续深化。我建议先将有限的机会和资源向此转移,积极学习其中的规律和方法,更不要忘记夯实核心竞争力——无论流量的入口如何变化，当消费者开门进入店内，考验我们的，仍是产品、运营、服务、管理等这些永恒不变的内功。

我们看到的尽头很可能并不是真正的尽头。我认为短视频的红利并未完全消失，只是进入下半场而已。如果此时受消极态度的影响，遗憾于没有获得快速增长期的巨大利益，而放弃对这个领域的投入，那么可能会失去更多机会，落后于时代的脚步。

3. 现在入场晚不晚

现在入场晚不晚？当然不晚。

短视频商业正在蓬勃生长，越来越多的行业将加入这个生态圈。如上文所讨论的，流量红利和需求仍在，只是不再阳光普照，关键是如何武装自己，找到最佳入场姿势。

对于现在入场的朋友们，无论是个人还是企业，都可算是"后发者"，而后发者是有优势的。

1962年，美国经济史学家亚历山大·格申克龙在总结德国、意大利等国经济追赶成功经验的基础上，创立后发优势理论。美国社会学家M.列维将后发优势理论具体化，其中有4点优势，对于刚入场短视频领域的朋友们来说，可能有所启发：

1) 后发国对现代化的认识要比先发国在自己开始现代化

时对现代化的认识丰富得多。

2）后发国可以大量采用和借鉴先发国成熟的计划、技术、设备及与其相适应的组织结构。

3）后发国可以跳越先发国的一些必经的发展阶段，特别是在技术方面。

4）由于先发国的发展水平已达到较高阶段，可使后发国对自己的现代化前景有一定的预测。

后发者的优势

假如你以2019年的眼光来看如今的短视频创作者，确实能人辈出，各领域都涌现出众多优秀的账号。十几个人的小型团队，以一个短视频账号为核心的商业模式，一年变现数千万元甚至上亿元，虽不是普遍现象，但也绝不是坊间谣传。

而对于选择在今天入局短视频的后发者来说，无论是新的创作者，还是希望用短视频获取流量曝光的商业机构，都有3个优势。

模式成熟了

我听过一些人不理解的言论：那些在短视频里做得风生水起的大V网红们，现实中的能力也不怎样啊！怎么在线上就那么受欢迎呢？

人红，能力却一般，这极有可能是事实。从商业逻辑上来说，能够在一个平台尚未成熟的时候就冲进去掘金的人，有可能是在原有成熟平台上发展不理想的人,这样他们就没有顾虑,可以下决心,抛掉以前的积累,开拓新平台。而他们中的胜出者,也赢得了新平台的政策红利,站在平台飞速发展的风口上。

对于现在刚刚进入短视频领域,或者希望在这个领域有更进一步发展的创业者、商业机构、行业专家们,我认为也不需要灰心丧气,因为模式成熟了,可以借鉴了。通过研究、掌握、遵循这些先发者们的成功经验,避开他们当年踩过的坑、走过的弯路、浪费掉的金钱,再加上自身的独特优势,我们仍有希望迅速入行,成功转型,收获期待的成果。

市场成熟了

短视频平台刚兴起的时候,曾有过这样一种偏见,认为这就是一个小众娱乐的地方,不具备很高的商业价值。但今天的短视频平台不仅可以了解实时资讯、放松娱乐,更可以买到好东西,找到自己需要的服务——一个涵盖数亿用户的巨大市场已经形成。东方甄选助农带货,让更多的商业组织认识到了短视频平台上直播带货的威力。还有很多商业机构通过短视频曝光,将粉丝转化到私域进行低调变现,也获得了丰厚的收益。

对于今天的商业组织来说,已经不是你要不要入场的问题,而是这个市场已经大到不容你再作壁上观了。

从业人员成熟了

曾经的短视频行业因为处在快速发展期，花钱也很难雇到合适的人，但是如今这个困境已逐渐缓解。虽然从业人员水平不一，但对于企业来说，找到一位能够玩转短视频和直播流量变现的专家，不再是难事。

大公司可以花高价请人。对于资金紧张的创业期公司来说，也有很多解决问题的途径，比如，学习一些成熟打法，在创业团队中加入具备相关能力的合伙人，或者在商业上下游链条中找到靠谱的合作机构等，都能有效地解决流量困局。总之，比起数年前的无人可用、无法可循，如今的操作环境无疑更友好了。

如果一直沉溺在错过朝阳的悔恨中，那依然会错过晚霞。更何况只要善假于物，借助已有的市场环境优势，我相信后入场的朋友一定能找到自己的"后发者优势"。

警惕"后发陷阱"

请原谅我在打气鼓励之余，还要叮嘱一点警惕。

后发优势，总的来说是成本优势。后发者能快速复制前者的经验，有选择性地规避在摸索、研发、验证环节上消耗的成本。但仅靠复制技巧、节省成本、提高速度，就可以成功吗？提出后发优势的学者也逐渐意识到，所谓的"捷径"，就是把双刃剑，后发优势也会成为"后发陷阱"。

学者们究其根源，是因为模仿技术容易，模仿体系却很难。

先发者花费大量时间和资本进行尝试、摸索和研发，建立起来的不光是技术，更是培养新技术的体系、环境和思维模式。这让他们能从根本上不断创新和挖掘新的机会。后发者容易被眼前利益迷惑，只求简单模仿、快速上线，这会给以后的长期发展留下诸多隐患。外部环境稍有变化，后发者就无所适从。

后发优势和后发陷阱，给我们的启示非常关键。身处短视频流量下半场，我们固然可以学习前人的成熟模式，聘用最专业的团队，但对短视频经济的底层逻辑不求甚解，不诊治内部管理的沉疴，不建立新的运营系统，就不能持久地抓住流量，实现可持续性的增长。

有关建立一套基于新流量的高效增长系统，是我根据多年管理和创业经验，创立的"8M·企业增长法"的核心⊖。感兴趣的读者，可以到我的公众号"肖云企业增长"，索取资料。

要点回顾

1. 创业最危险的是：认知尚未到位，实践却已经开始很长时间了。
2. 警惕"惯性思维"：将过往经验套用在新事物上，却忽略了新事

⊖ 整套运营体系（8M·企业增长法），欢迎关注公众号"肖云企业增长"，发送关键字"8M"，获取相关信息。

物的独有特性。

3. 短视频平台上的流量竞争已进入"下半场",是时候重新审视游戏规则了。

4. "红利"通常出现在供需失衡的时候:一种需求已大量出现,但供给还未能跟上。

5. "红利"最大的特点就是:来去匆匆,终将消逝。抓红利的要点在于,不但下手要快,并且必须为失去红利提前做好准备。

6. 获得流量是一场赢取用户注意力的竞争,与先来后到无关。

7. 存量竞争进入残酷的零和博弈——此消彼长,"你死我活"。

8. 感觉到流量在变少,问题不在流量上,而在内容上——我们必须"吆喝"得越来越讲究,越来越精致。

9. 短视频平台与电商有本质上的不同,它更像是一个迪士尼乐园,人们来此的第一需求是娱乐、放松,顺便再做点别的事情。

10. 在短视频平台上,最受欢迎的内容,一定能赋予用户很高的"情绪价值"。

11. 情绪是信息传播的附着点。

12. 调动起用户的"四声五感":掌声、笑声、欢呼声、惊奇声;同感、泪感、正义感、幸福感、认同感。

13. 注意"手机水土不服":手机的屏幕很小;用户的耐心极其有限;你看不到真实的用户。

14. 在流量竞争的下半场,小微初创企业的崛起要靠找到流量洼地。

15. 流量洼地的3个层面:大行业赛道;平台之间的差异机会;一

家平台内的细分市场机会。

16. 下一个引发商业变革的新流量入口，至少要同时满足以下3个条件，并且至少有一条要达到颠覆性改变：人人可用；人人可有；人人可创。

17. 当创业者陷入困境而焦虑的时候，最容易犯的错误就是多头下注。

18. 无论流量的入口如何变化，当消费者开门进入店内，考验我们的，仍是产品、运营、服务、管理等这些永恒不变的内功。

19. 后发者的优势：模式成熟了、市场成熟了、从业人员成熟了。

20. 所谓的"捷径"，就是把双刃剑，后发优势也会成为"后发陷阱"。

21. 模仿技术容易，模仿体系却很难。

第四章 短视频平台的差异与选择

如果我们决定通过短视频获取流量,就必然会遇到问题:选择哪个短视频平台作为主战场?除规模大小外,它们之间还有什么区别?选择的标准又是什么?

在中国互联网江湖,曾上演过短视频平台的"春秋战国"。时至今日,行业版图已逐渐清晰。目前值得重点关注的平台,我们认为有抖音、快手、小红书、微信视频号、哔哩哔哩(B站)。

需注意的是,以上平台之间的区别,绝不仅仅是用户人数的规模大小之别。各平台在平台定位、流量分发逻辑、主力使用人群、用户使用习惯、适合内容特征等方面,均有根本差异,甚至称不上"同一物种"。

1. 抖音：短视频赛道的领军者

抖音平台无疑是当下中国短视频平台的领军者。据网络媒体报道，2021年第一季度抖音主站日活跃用户峰值达到5.8亿，再加上抖音极速版和火山版的1亿日活，总日活数据近7亿。以目前的趋势来看，它很可能还会保持短视频赛道王者的地位很长一段时间。

抖音原本是字节跳动内部孵化的项目，在2016年9月正式上线。早期抖音的主要使用人群是以一线城市为主的时尚年轻人，内容也多以帅哥美女、劲舞音乐、视频特效为主，当时的抖音口号是"让崇拜从这里开始"。这一基因一直延续到今天，仍然发挥着影响力。抖音上有大量制作精良的短视频内容，目标受众以一线和二线城市为主，逐渐向低线城市和乡村渗透。

抖音能在一众平台大战中胜出，和它的"内容分发推荐算法"有密不可分的关系。

抖音的推荐系统一方面根据每位用户的浏览搜索行为，了解他们对内容的偏好；另一方面，用人工智能（AI）识别和分析所有短视频，向用户推荐匹配其喜好的内容。用户的反馈，如观看时长、点赞、评论和转发，被视作评估内容品质的参考依据。对于获得更多用户积极反馈的视频，系统将提高推荐力度，使其被更多人看到，满足用户的同时也留住了用户。

在抖音，流量是"抢"来的。

抖音的推荐系统不停地对同一主题的视频进行对比分析，表现好的内容才能得到更多流量。抖音创作者们把这种流量分发逻辑比较形象地称为"赛马机制"。

在赛马中获胜，是获得流量的关键。抖音庞大的用户数量，使得那些既掌握抖音推荐规则，又能创作优质视频的创作者们，可以在抖音平台上获得大量的免费流量曝光。一条视频一夜之间获得数百万甚至上亿播放量的传奇，每天都在发生。这也是吸引创作者不断在抖音聚集的原因。

也正是因为这种中心化推荐规则，抖音平台的马太效应非常明显。那些不了解平台规则，不具备优秀的创作能力的创作者们，即使在抖音上坚持了很长时间，也很难获得相应的收益。这个现象也是广泛存在的。

抖音平台对商家的另一个吸引力，是商业化程度高。抖音平台的商业环境高度成熟，观众可以接受多种形式的营销行为，抖音官方开发的商业化功能和工具也是上述几大平台中最充分的。商家既可以通过抖音为企业做推广、进行内容植入甚至打硬广来获取潜在客户，也可以通过短视频和直播直接销售各种商品。大多数常见的商业类目，都可以在抖音上找到对标案例。对于想在抖音做商业变现的企业或创业者来说，这是一个巨大利好，也是本书之前提到的"后发者优势"。

综上所述，抖音是目前用户人数最多、商业化基础最好的短视频平台，其重要性不容忽视。但抖音中心化推荐算法的"赛马机制"，给内容创作带来很大压力，也可以说是几个平台当中最考验创作团队能力的竞技场。

2. 快手：扎根于下沉市场

快手诞生于2011年，比抖音更早。它是目前国内用户人数第二大的短视频平台。据快手官方数据披露，2022年第三季度快手日活跃用户3.63亿，月活跃用户6.26亿。

快手和抖音最大的区别在于用户人群的不同。快手的主力用户来自低线城市和乡村。随着快手用户数量的增长，群体也正在从低线向高线城市逐渐扩展。

快手与抖音的另一个显著不同，是内容分发的机制。抖音使用信息流推荐方式，用户看到的视频是由系统推荐的，自己并不知道下一条会是什么；而快手是双栏展示数个视频封面，允许用户在一定范围内自行选择想看的内容。如此，在快手平台，制作出让人有点击欲望的封面，对视频的流量影响巨大。

快手用户集中于乡镇，比起抖音，快手用户更爱看直播，尤其喜欢直播时能和粉丝频繁互动的主播。正因如此，大量的快手流量固化在一些擅长直播的头部主播上，若新晋主播想要快速涨粉，往往需要通过在直播时连麦大主播或拜师大主播的方式进行操作。

从现实意义上来讲，直播连麦其实是两个主播在直播互动的同时，让自己曝光在对方粉丝面前，获得对方粉丝的认可，以达成快速涨粉的目的。而拜师大主播，一般是在师傅直播间露面，或与师傅直播连麦，可以看成是获得大主播对"弟子们"的流量扶持。

快手和抖音的内容调性也有明显不同。这使久居一线城市的创作者很难把握快手的创作调性。而且，用户对直播的偏爱，也让大部分快手主播把直播视为必做的工作内容。

快手用户虽然大多居住在低线城市，但消费能力并不弱，这使快手的商业潜力尚有很大的挖掘空间。

低线城市的用户有一定的消费预算，生活节奏慢，压力较一线和二线城市轻，更重要的是用户人群基数大。有一些钱、有空闲时间且人数众多，是他们的特征。

低线城市用户的品牌观与高线城市用户有明显不同，他们更愿意相信自己喜爱的主播的推荐。因此，很多想在快手平台销售产品的商家，并不选择自己开账号，而是与一些大主播或近期快速爆红的主播建立联系，请他们带货。

综上，如果产品主要面对下沉市场，那就可以重点关注快手。想在快手获取流量，打造出吸引人的封面很重要，并且直播几乎是必选项。不熟悉快手内容风格的创作团队，很难做出适应快手用户需求的内容。

3. 小红书：精致女性聚集地

小红书诞生于2013年，最初的定位是图文种草平台，而不是短视频APP。

"种草"是网络流行语，意思是当某人拥有一次良好的购物体验后，将自己体验过的这家店或者这件商品，以评测或讲解的方式推荐给其他人。类似含义的网络词还有"安利"。定位种草，就注定了关于体验分享、产品评测、采购建议等内容更会受到小红书用户的欢迎。制作精良、程度适中的营销内容，对销售有巨大帮助。

随着短视频的流量暴涨，小红书也逐渐将短视频领域作为重点发力方向。但原本的图文分享形式仍占据重要地位，这是其他以视频为核心的平台所不具备的特色（见图4-1）。

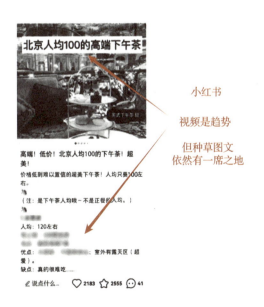

图4-1　小红书经典形式：多张照片+文字分享的图文组合

小红书的用户人群主要集中在一线和二线城市的年轻女性，即所谓的三类核心人群——年轻女大学生、年轻女白领、精致宝妈，都是消费力较高的群体。

如果一个商家的主要客户是女性，或购买决策主要由女性来完成，那么小红书一定是不容错过的平台。

小红书的内容呈现形式类似于快手，也是双排展示，需要由用户自行选择观看的内容，因此也需要重点关注视频封面的制作。又因为是图文起家，用户对种草文案的质量要求，也可能是所有平台中最高的。

小红书用户喜欢真实用户的真实感受，对商家自说自话、自卖自夸的方式，接受程度并不高。所以很多商家付费请一些小红书博主对自己的商品进行使用体验的分享和评测推荐。从使用者的视角来促进销售，是在小红书做商业变现比较常见和有效的模式，也是区别于其他短视频平台的营销方式。

综上，小红书是目前所有短视频平台中，高线城市年轻女性群体最精准汇聚的地方。对于变美、健康、母婴、亲子类的商品和服务，小红书是不容错过的流量入口。除流行的短视频外，图文在小红书上仍然有广泛受众。在小红书做商业运营，除自己做内容之外，也要考虑借助其他博主的流量共同推广。

4. 微信视频号：未来无限可能的潜力股

微信，作为国民级的移动互联网通信软件，在平均使用时长和用户人数上，远超其他所有短视频类平台。据腾讯披露，2022年第三季度微信和WeChat用户总量达13.09亿。

微信视频号于2020年1月开启内测。虽然在上述平台中出现最晚，但因其根植于微信的海量用户之上，被普遍认为潜力最大。

目前，微信视频号仅在微信界面设置入口，还没有单独的APP或网站。据说微信视频号自诞生之日起，就是由"微信之父"张小龙亲自挂帅，并受到马化腾高度重视的项目。微信不但给视频号安排足够醒目的入口，还将视频分享朋友圈和微信群的功能优化，使视频号内容在微信中的传播变得越发顺畅。

但微信视频号毕竟出现得太晚，在此之前，尤其是抖音、快手，已将用户的使用习惯牢牢锁定，并笼络住大量优质的短视频创作者。缺乏优质的内容创作者，用户没有形成在微信平台长期看短视频和直播的使用习惯，是微信视频号目前最大的挑战。

微信视频号的优势特征，也与它扎根微信相关。它的内容分发规则，是以微信号的社交关系为核心逻辑。简单来说，你发布的视频更容易被你的微信好友看到，而当好友点赞后，这条视频会被推荐到他们的微信社交关系中，更容易被他们的微信好友看到。

通过人脉圈将内容传播出去，是微信视频号的特色。

所以在运营策略上，创作者在发布视频后，要主动将视频分享出去，发送到微信群、朋友圈，或点对点地发送给特定的微信好友，从而获取他们的第一波观看和点赞。这种将创作者的主动分享用作冷启动的方式，和主要依靠赛马机制来驱动的短视频平台，有着显著的区别。

微信视频号"人脉推荐"的特点，也使它成为私域变现的最佳场景。在流量变现的实际操作中，抖音、快手和小红书等平台通过让产品和品牌获得曝光来获取新的潜在客户，而微信视频号则可以在我们加到新客户的微信后，成为强化沟通、促进成交的得力工具。

微信视频号的短板，也基于微信的特征。在其他平台，从注册一个新账号开始，之后发布内容，到逐渐积累粉丝，是一个自然的流程；但注册一个完全没有好友的新微信号，是很难通过主动分享的方式度过视频号的冷启动期的。使用已有较多好友数量的旧微信号启动视频号，才是更好的选择。

综上，目前微信视频号被认为是最有爆发潜力的平台。依托微信流量，以社交关系驱动的内容分发逻辑是其差异化的特征。

微信视频号在推动私域客户成交上的能力，比获取新的潜在用户的能力更值得关注。

5. 哔哩哔哩（B站）：二次元年轻人的领地

哔哩哔哩网站，又称B站，是一个特殊的存在。

首先，它出身于PC互联网，以横屏的中长视频为主。因此，B站里的自媒体内容，更像是一档视频节目。

其次，B站是一个弹幕网站。弹幕最早起源于日本，指用户在观看视频的时候，随时可以将想说的话以打字的方式留在视频上。这会让其他观众有种一起看视频，边看边交流的奇妙感觉。这种体验对身处移动互联网环境，但内心越来越孤独的人有着独特的魅力（见图4-2）。

B站的弹幕文化

边看边与网友共享感受的体验

图4-2　B站的横屏视频与弹幕形式

在B站上发布了视频，仅完成了内容的一半；而另一半，则是观众在看视频时留下的评论弹幕。

独特的体验和场景，使B站的创作者们（通常被称为"Up主"）高度关注用户在视频留下的弹幕，以及在评论区的反馈。虽然在其他平台，关注用户评论也是必需的工作，但B站把它的重要性提升到了一个新的高度。

B站的内容生态和PC互联网基因，使B站的创作者和粉丝之间的黏性显著高于其他平台，甚至网上有将B站粉丝和其他网站的粉丝做价值对比的分析，最后得出"一粉胜十粉"的结论。

B站用户以喜爱二次元文化的年轻人为主。动漫、游戏和影视是B站的强势内容。但随着用户年龄的增长，财经、考研升学、职场内容的需求也有明显提升。有互联网资深人士预言，用不了多久，随着主力用户群体步入婚姻殿堂，母婴亲子类内容也即将爆发。

B站用户受教育程度较好，表达欲旺盛，和创作者之间容易产生亦师亦友的情感连接。但用户总体上对商业化内容持反感态度。

B站创作者常见的盈利模式，是接受商家的内容植入型广告，而且经常以明显的播报形式进行，让用户可以立刻识别出创作者讲的内容是资金赞助的广告内容。这和其他平台尽量"软化广告意图"的动作正好相反。B站用户能接受"硬广"的原因主要有3个：

第一，根本原因是B站用户极其反感"伪用户分享体验"的内容——与其作假，不如实话实说。

第二，用户与创作者的情感连接很深。粉丝乐于看到Up主获得收入，因为这意味着Up主可持续创作粉丝喜爱的内容。

第三，用户感到欣喜的是创作者能赚到钱，但对广告商品的关注度很弱，甚至无视。这是需要商家特别注意的。

综上，B 站基于"弹幕"的特殊形式和场景，以喜爱二次元的年轻人为主体，在粉丝活跃度和黏性上，与其他平台有明显的区别。对于希望在年轻人群体中打响知名度的商业品牌，B 站是一个重要的沟通窗口。但在商业化上，它也是提到的所有平台中最弱的，其变现打法迥异，相对难度较大。

6. 务实的平台选择策略：一稿多发

本章对比的 5 个主要短视频平台的发展历程、用户人群、内容调性、内容分发逻辑都有其鲜明的特点。明确这些差异，对于选择主力平台和后续的内容创作、流量获取和变现，都至关重要。

想把内容做好的话，前期聚焦一个平台，在实际内容创作中深刻理解平台调性、推荐规则、用户需求、内容偏好，甚至与平台相关板块的内部人员建立良好的互动关系，都是极其重要的。但从务实的角度出发，对于一条已经创作出来的视频，多个平台分发是更明智的策略。

一稿多发的操作成本并不高，却能非常有效地测试平台的适应度：你原本认为内容适合 A 平台，但发布后的结果显示，B 平台的适配性更好。真实数据有的时候会给我们惊喜。另外，想了解一个平台的用户喜好和分发规则，最好的方法就是在上面发内容,获得真实的数据和用户反馈。多平台分发也可被视作对内容团队探索其他平台玩法的试炼。

在内容创作上,聚焦一个平台,吃透一个平台;但在运营策略上,多平台分发,是最简单、最经济的提升流量的方法。

 要点回顾

1. 在抖音,流量是"抢"来的。

2. 快手用户虽然居住在低线城市,但消费能力并不弱;今天仍有很多企业还不懂下沉市场的价值,这使快手的商业潜力尚有很大的挖掘空间。

3. 如果一个商家的主要客户是女性,或购买决策主要由女性来完成,那么小红书一定是不容错过的平台。

4. 微信视频号在推动私域客户成交上的能力,比获取新的潜在用户的能力更值得关注。

5. 在B站上发布了视频,仅完成了内容的一半;而另一半,则是观众在看视频时留下的评论弹幕。

6. 在内容创作上,聚焦一个平台,吃透一个平台;但在运营策略上,多平台分发,是最简单、最经济的提升流量的方法。

第五章　短视频篇

"三粉飞轮"的第一步是在公域获得曝光,从而得到"泛粉"流量。

今天的用户既空前集中,又空前分散。

集中,是指用户集中在移动互联网上,注意力被牢牢地吸引到手机和短视频上;分散,是指鲜少有某一家媒体能独大,即使是短视频用户,也是千人千面,有各自喜爱的主播和频道。

这样的用户特质,让财大气粗的企业无法靠成为"标王"来垄断注意力;也让中小企业和有才华的创业者们可以靠内容输出来获得"粉丝"。

但泛粉,我们之所以称其为"泛",是因为虽然获得了他们的关注,但之后他们能否成为付费客户还未可知。会不会我们一提卖货、卖课、卖服务，人就跑光了呢？

但值得欣慰的是，他们是"粉"，是我们靠输出优质内容吸引到的，这是时代给予中小创业组织最好的馈赠。

通过短视频获取流量也是很多企业最薄弱的一环，本章将以短视频流量团队中的人员岗位分工为脉络，梳理在短视频创作和流量获取过程中，需要注意的事项和操作技巧。

1. 短视频流量团队的岗位分工

建立一个短视频流量团队不是一件容易的事情，因为它和常规的公司部门团队有很大的区别。

公司传统部门的团队更像常规军队，步兵就是步兵，炮兵就是炮兵，骑兵就是骑兵，一个团队中大部分员工的工作内容是一样的，考核标准也是一样的。比如，销售部大多是销售人员，研发部大多是工程师。

而短视频流量团队更像是影视剧中深入敌后的特种兵小队。虽然只有寥寥数人，但每个人都有独一无二的技能，起着独一无二的作用，每个人都不可或缺。最难的是，对每个人的管理和考核的指标，也是不同的。

一个短视频流量团队涉及的岗位有项目负责人、策划和编导、摄像和剪辑、出镜主播、粉丝运营。

项目负责人

项目负责人的职责是把控项目的方向和进度，相当于特战小队的队长，为最终结果负责。项目负责人必须做到懂业务、善管理。

懂业务是核心。在专业团队中，外行很难领导好内行。

商业机构在选择项目负责人上，常有以下几种倾向（见表5-1）：

表5-1 项目负责人的三种背景及各自的长处、短板

项目负责人履历背景	长处	短板
企业内部背景	熟悉公司业务，了解客户	不懂视频内容创作，不懂视频平台规则，做出的视频没有播放量
偏娱乐媒体背景	熟悉娱乐型内容创作	视频播放量高，但商业转化效果差
传统电商背景	熟悉电商系统、熟悉付费投放技巧	视频播放量往往不高，但有一定的商业转化；比较依赖于付费投放

1）让公司已有的骨干去担任短视频流量团队的项目负责人。他们可能是原市场负责人、销售负责人、产品专家。他们的优势是对公司的产品非常了解，懂得目标客户的需求和买单心态，但短板是不了解新媒体内容创作、不懂视频平台的规则。其表现就是虽然输出了很多条短视频作品，但都没什么播放量。

2）有些企业知道自己的不足，会外聘项目负责人，但错误地认为有传统媒体经验的人就能做好新媒体，会选择诸

如编剧、导演、有演艺公司从业履历的人。这些人虽然懂创作，特长是拍剧情、编小品、讲段子、唱歌跳舞秀才艺，输出的视频能获得大的曝光量，但和企业的产品没有密切关系，所以只有播放量，空有人气，但变现效果不佳。

3）还有一些企业会启用有传统电商经验的负责人，比如曾做过京东、天猫等传统电商平台的人。他们虽然比较了解电商规则，但不擅长内容创作，也容易陷入没有播放量的窘境。然而由于其电商经验丰富，即使在播放量不佳、流量有限的前提下，他们也还是有可能创造一些成交业绩的。而且有电商基因的负责人可能更愿意用付费投放的方式来放大流量，提高业绩。这样的方式看上去还是不错的选择，但缺点是单纯依靠付费投放来获取流量，容易陷入广告大战的内卷窘境，投放成本越来越高，利润越做越薄。最终结果是失去了靠优质内容获取免费流量的机会和能力。

无论安排上述哪类人才做短视频流量团队的项目负责人，都需要在各自的短板上补课。

善管理，才能得到他人真正的支持。尤其是要管理好用头脑工作的员工，更是很大的挑战。短视频流量团队的每一位成员都是用头脑工作的——视频剪辑人员用心制作的一条视频，播放数据可能比随便做出来的十条加起来还要好；运营人员与粉丝沟通时的及时性和投入度，将直接影响粉丝对品牌的感觉——这都很难量化管理。

但短视频的本质是市场推广的一部分，是销售转化的前置工作，必须设定目标和业绩考核。如果项目负责人不懂业务，光抓考核，只会让团队人心涣散。

第一，项目负责人在设定团队目标的时候，要充分了解短视频账号的发展特征。短视频账号有点像旧的电热炉，通上电之后，它不会立刻热起来，而是需要一个慢慢积累热度的过程。各大短视频平台都有一些"某号一夜爆火"的故事，但正因为它是小概率事件，太过新奇，才被广为传播。

新账号可以先从单条视频的播放量来确定目标。有了播放量后，再制定粉丝量的增长目标。最后，当日常也有不错且稳定的播放量，粉丝也有一定基数时，再设立销售转化目标，提升变现效果。

切忌一上来就把目标定得太大、太远，让人无从着手。结果就是，整个团队对于完成目标这件事情，失去了紧迫感、敏锐度。合理的目标，应该是踮起脚尖努力能达到的程度。目标一旦确定，就应全力以赴达成目标。只有这样，团队才能体会到那种经过努力奋斗，最终拿到成果，获得自身成长的成就感。

第二，项目负责人做考核的时候，要避免以下两个误区：

误区一，既然不能考核数量，那考核成果总可以了吧？

真实情况是，员工不是不想取得成果，而是他的水平不足。大多数中小企业支付的薪资，很难直接雇到能独当一面的员工，更多的是需要项目负责人带着一起去磨合探索，最终在大家的共同努力下达成最好的目标。

误区二,因为无法评估视频创作质量,落入片面强调数量的陷阱。

一天发100条视频,总比一天发1条视频要好吧?结果团队变成了低水平内容流水线,迫使团队里有创意、有追求的员工离开。大家倒是忙起来了,但长期来看却是劣币驱逐了良币。

从以上的表述来看,项目负责人确实职责重,任务难!这个岗位也是大多数企业在进军短视频流量领域的"虎牢关"。

在本章中,关于账号定位、账号起名、账号注册准备、账号装修、付费助推的内容可帮助项目负责人梳理好本职工作,而其他岗位的内容,也需要项目负责人了解,最好能有一定程度上的掌握。

没办法,谁让你是这个团队的负责人呢?

策划和编导

策划,主要决定拍摄内容及选题,为视频创作提供点子、创意和灵感。

编导其实是编剧和导演两个词的组合。"编"是把点子变成剧本,演员说什么样的话、做什么样的动作,要把这些内容形成文字,在短视频领域也常叫作脚本。"导"则是在拍摄现场,按脚本的设定,指导演员以合适的语音语调、表情及动作表演,从而呈现"编"所希望达到的效果。

对于中小团队来说，策划和编导通常合二为一，主要负责的是选题和文案创作。当然，对平台敏感词和违规词的把握，也是编导必须要谙熟于胸的。相关内容在后面相应的章节将有进一步详解。

摄像和剪辑

摄像和剪辑指的是视频的制作人员。

摄像，是指直接操控相机或手机进行拍摄的人员。专业的摄像懂得运用构图和运镜，会让整个视频的质感有明显的提升。拍摄还有一个重要因素，那就是灯光。灯光在专业剧组是一个专门的岗位，短视频项目往往需要摄像兼任。是否懂得使用灯光，会非常影响整个画面的质感，尤其是在室内拍摄的时候。

剪辑，则是指按照视频脚本，把拍摄的素材进行最后的修剪编辑，完成最终的成片。优秀的剪辑会在这个环节，对内容创作进一步完善。一般人会觉得剪辑的工作和摄像更接近，倾向于让同一人完成摄像和剪辑；但也有人认为剪辑的步骤含有创作成分，由编导负责更为合适。

但是，摄像和剪辑最核心的素质是对于视频节奏和审美的把控，这往往需要多年的积累。在有条件的团队，这部分工作最好由受过专业训练且有一定经验的人担任。

出镜主播

短视频的出镜主播，根据产品的不同，可能有多种角色。在商业机构的短视频账号中，出镜主播大多不是专业演员，对颜值的要求不高，但一般需要口齿伶俐、表达清晰。

商业机构的出镜主播，最好选择相对稳定的核心人员，而且最好是由对客户需求熟悉或者对自家产品熟悉的人担任。这类人可能前期对出镜工作没有经验，需要一定的适应周期，但适应之后，由于对商业模式和产品的熟悉，能更好地吸引精准客户，最终推动成交。本章后面将有相应的内容详解。

粉丝运营

粉丝运营是在视频发布之后，通过和粉丝的留言互动，促进账号活跃表现的岗位，是一个需要耐心和细节操作的工作。

粉丝运营的目的，一方面是让观众觉得这个账号更有人情味儿，促进路人转粉；另一方面有点像销售的前期工作，即对潜在客户进行初步介绍，把客户加到企业的微信或数据库里，让销售人员日后跟进。

粉丝运营的挑战有两个：一是工作时间。客户刷短视频的高峰时段，往往在夜间，这就注定了粉丝运营的工作时段与"朝九晚五"无缘。二是当出现爆款视频的时候，可能一晚上需要处理数百条甚至上千条私信留言，而平时可能只需处理寥寥数条即可，这就导致工作量差距巨大。这方面的工作细节，请见后续的粉丝运营章节。

2. 视频流量团队的工作流程

在现实工作中,并非所有企业都能按以上分工建立满配团队。身兼多职是常态。

人可以少,但是工作流程中的步骤一个都不能少,其中的细节操作更是一个都不能少。图5-1就是一个典型的视频流量团队的工作流程。

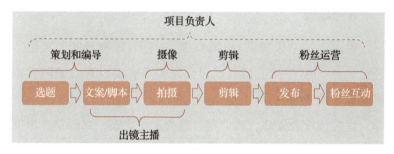

图5-1 视频流量团队的工作流程

在接下来的内容中,我会对不同岗位的知识进行相应的梳理,读者朋友可以根据自己在团队中担任的角色对相应的部分做重点了解。

关于各岗位详细工作描述和岗位职责,如有读者朋友需要,可以到公众号"跟扬哥搞流量"发送"岗位"关键词,索取资料。

3. 项目负责人的工作

项目负责人有不同的称呼,有的叫新媒体总监、有的叫运营负责人，在小创公司中可能就是创业者本人或核心联合创始人。

上文曾提到，项目负责人既要懂业务，又要善管理，如此才能够更好地统御团队。在工作流程中，也有独属于项目负责人的工作：账号定位、账号起名、账号注册准备、账号装修、付费助推。

账号定位

美国营销学大师艾·里斯和杰克·特劳特提出的"定位"理论，在2001年被美国营销协会评为"有史以来对美国营销影响最大的观念"。

这两位学者发现，我们很容易想起世界第一高峰是珠穆朗玛峰，却很难记住世界第二高峰是哪座。品牌只有和某种类别或某种特性相关联的时候，才更容易被大脑记住。定位的目标就是找到这种相关性，将品牌牢牢印在客户的心智之中。

为账号找好定位，是成功获取流量的第一步，也是关键的一步。

企业账号的定位

对于已有成熟产品的企业，短视频平台是新流量获取渠道。对这样的项目，项目负责人不要犯以下两个常见错误：

第一，为获取流量，展示与自己企业和产品无关的内容，如唱歌、跳舞、组织员工演职场剧；第二，太过直白，直接在短视频平台赤裸裸地打广告。

第一个错误，在于只关注了"获取流量"这一指标，而没有考虑到企业获取流量曝光是为了服务后面的商业变现。

首先，所有商品都有目标用户。比如，有的零食是针对儿童的，而有一些是针对爱美的年轻女士的。例如，洗发水会被细分为去屑的、养护的、防脱发的。过于泛娱乐化的内容，虽能获得大众喜爱，却无法筛选出我们的目标客户。

其次，我们希望在获取流量的同时，让粉丝对产品有更深度的认知，助益后续的成交变现。尤其对于一些新概念、需要加强用户认知，具备更高附加值的产品。

综上两点，纯粹为了获取视频曝光，选择制作与自己主业无关的娱乐类视频内容——唱歌跳舞、讲段子、演职场剧——显然是不可取的。

第二个错误，在于忽视了平台的特性。我们常见的电视、电梯广告，有一定的强制观看效果。电视媒体最好的广告位常位于热播剧的前后，甚至插播在剧中。虽然用户对广告是反感的，但为了看热播剧，还是留了下来。至于电梯广告，强制观看的效果就更明显了，总不会有人因为不想看广告而选择走楼梯吧。

但短视频平台不具备强制观看的外部环境。当把为电视或电梯媒体准备的广告，直接搬到短视频平台上的时候，瞬间会被用户划走。的确如此，因为用户在短视频平台上拥有超越在电视、电梯媒体上的权限——划走。只要有一丁点不喜欢，随时划走。这迫使企业必须把要传递的信息做得更加有趣、有用，让用户自愿看完。这是短视频平台和其他传统广告的本质差别。

短视频平台的这个特性决定了企业需要使用内容营销的模式，让用户在欣赏内容的同时接收到企业想传达的信息。

内容营销是将企业营销信息融合于适合新媒体传播的内容形式之中，让用户在轻松体验内容的时候，不知不觉地接收企业传递的"营销私货"。

比如，抖音上有一个火锅底料厂家叫@历蜀记，他们的流量密码就是每次炒制火锅底料的过程。对于做火锅底料的厂家来说，可能家家的工艺都是如此，甚至这一家可能都不是最大的；但是对于消费者来说，很多人是第一次看到上百斤的牛油、几十斤辣椒、混合了几十种香料，在一口大锅内炒制。消费者惊叹了，流量上去了，厂家销量也有了。

如果没有短视频，当别人问："哪个品牌的火锅底料是最好的重庆火锅底料？"或许很多人会回答："海底捞。"但今天，很多刷到过@历蜀记的用户会说："就是那个在抖音上一次炒100斤底料的历蜀记。"

短视频，给了企业成为自身行业"领军品牌"的机会。

所以，企业做短视频，方向上一定要和企业产品相关，掌控好单条视频的营销力度，可以做软性营销，把营销融入内容。积小胜为大胜，借助短视频流量大的特征，持续输出此类内容打"持久战"，最终获得不俗的曝光量，获取"泛粉"。

个人IP的定位

打造创始人个人IP（个人品牌），也是现在一些中小商业机构或创业公司常见的商业打法。打造IP必须基于个人本身的优势。如何将我们的个人优势充分挖掘，占据观众心智，让他们更容易成为我们的粉丝？如何找到自己个人IP的定位呢？我们来看一位W先生的案例：

W先生现在一家国内上市公司做董事会秘书，希望打造自己的个人IP。他根据自己丰富的经历，提出4个定位方案：

第一个，他现在的工作，上市公司的董事会秘书。

第二个，职业生涯中长时间担任人力资源岗位的工作，对大中型企业人力资源的选、用、育、留有着非常丰富的实战经验，曾被一些北京高校聘请为MBA客座授课导师。

第三个，作为两个孩子的高知宝爸，他有自己的育儿理念和心得。

第四个，他自信自己多年的职场经验能给年轻人很好的启发和指导。

W先生应选择哪个方向作为个人IP的定位呢？

我们在分析W先生的案例时，要引入一个分析工具，从以下4个角度进行分析，我称之为"四点定位"：

受众群体：多还是少？

竞争环境：激烈程度是强还是弱？

自身优势：是否优势显著？

盈利前景：盈利的难度是高还是低？盈利的规模是大还是小？

当我们把以上4个因素放到一个表格中，再去分析W先生

的情况,最后就可以得出表5-2中的综合结论:

表5-2 打造W先生个人IP"四点定位"分析表

选题领域	董事会秘书选题	人力资源管理	子女教育	职场发展
受众群体	以企业高管为主,人数少,但属高端人群	以企业管理者、职场精英为主,人数比较多	宝爸宝妈,人数众多	职场年轻人,人数众多
竞争环境	同题材创作者极少,没有10万粉丝以上的大号	创作者开始变多,百万粉丝级别的账号不超过10个,十万粉丝级别的账号50个左右	创作者很多,有数个账号粉丝已超过500万	创作者很多,有数个账号粉丝超过500万
自身优势	现任知名上市公司董事会秘书,身份可信,优势非常明显	15年以上经验,经历3家大型公司,从人力资源经理到人力资源副总裁,优势明显	两个男孩的爸爸,虽然学历较高,但身份无明显优势	20年以上职场经历,有管理经验,有一定优势
盈利前景	面对人群基数小,但付费能力极强	面对人群数量一般,付费能力较高,能对接企业培训需求	面对大众需求,变现能力以课程为主,定价几十元至数百元	面对大众需求,变现能力以课程为主,定价在几十元至数百元
综合结论	受众少难出大号,竞争对手少,自身优势明显,单个客户变现能力强但客户群体数量有限	有一定受众群体,有大号,但强力竞争对手不多,自身优势明显,目标人群付费能力较高,并且有企业团体付费的可能	受众群体人数众多,竞争者多且已有超级大号,自身条件一般,付费人群广,但付费能力一般	受众群体人数众多,竞争者多且有超级大号,职业条件优秀但年龄偏大,付费人群广,但付费能力一般

通过这张表，我们可以看出：

第一个董事会秘书选题，对于W先生来说具备独特优势，但受众人群很少，很难做成大号。一旦做成，粉丝质量会很高，属于高收入群体，若将其导流到微信私域中，每个粉丝背后的人脉和资源都很可观，后续有很强的商业价值。

第二个人力资源管理选题，相对第一个来说可以做出粉丝更多的账号，并且W先生坚实的职业背景，比起现有的人力资源大号博主也有很强的竞争力。账号做成之后，因为是针对企业管理层的内容，不仅可以通过销售数百元的网课变现，还有机会销售数千元到几万元的线下课程，甚至为一些大型企业定制内训和咨询项目，这可是能做到数十万元甚至上百万元的大项目。

第三个子女教育选题，W先生对这条赛道明显是更多地倾注了个人感情。但是作为一位职场成功人士，相比其他专业育儿领域的老师来说，W先生的背景可以说完全不占优势。表面上看起来受众人群广，但自身竞争能力偏弱。最后的变现模式，大概率也只能是育儿经验分享的网课。

第四个职场发展选题，相信W先生主要是看到了其受众人群广的特性。但这条赛道竞争门槛较低，在职场中从业二十几年的W先生，和在职场中从业三五年的年轻90后博主，都一样可以做职场导师。而且，虽然90后职场博主比W先生资历浅很多，但他们更懂年轻人的心态，W先生与之相比未必有优势。同样，在变现问题上，职场年轻人也是消费能力比较有限的群体。

通过以上表格的梳理，权衡利弊之后，究竟W先生会如何选择呢？那就由W先生自己考虑吧。但是，上述这个从4个因素入手分析思考的工具方法，是可以供大家借鉴使用的。

个人IP的四点定位法，是我根据过往学员和粉丝的问题咨询，总结出来的一套实用分析方法，部分借鉴了管理学著名的SWOT分析法。

建议每位准备做个人IP的创业者或新星博主，都能将自己的情况代入四点定位法进行分析，认真思考。

如需下载上述定位工具，可以到"跟扬哥搞流量"公众号，输入"定位"获取。如对自身定位仍有疑问，也可以进入本书的读者社群，与我一起探讨。

账号起名

在明确了账号的定位之后，我们还需要一个与之呼应的、响亮的、易于传播的名字。

起名对于企业账号来说相对简单。因为企业已有现成的名称，甚至注册了商标，比如××家政学院、××玩具旗舰店、××卫浴。直接用企业名称就是最好的选择。

个人IP账号起名则需要进行类比分析。

首先要明确的是好名字的标准。

名字最重要的作用，就是希望路人在看到它的瞬间，就能了解到这个账号对于他自己的价值，从而做出以下两个动作：

第一个动作是，直接在我们的头像上点击关注，成为我们的粉丝。

第二个动作是点视频主页空间浏览。虽然路人没有立刻关注，但对账号很有兴趣，进入视频主页空间浏览以确认这个账号是否对他有帮助。

能够瞬间让路人理解账号的价值，是评判好名字的第一个标准。

除此之外，当粉丝向朋友推荐我们的账号时，我们希望粉丝可以很容易地介绍这个账号，其朋友在听到的瞬间也会知道是哪几个字，怎么写。

比如，我曾有过一个学员，从事家装行业，老板名字里有一个"懋"字，所以账号为"懋哥说装修"。懋（mao，四声）这个字对于大多数人来说是生僻字，不会念，听到"懋哥说装修"，分辨不出是哪个"mao"字；而当对方问"是哪个mao字"的时候，粉丝也难于描述"mao"字是如何写的。这就导致了传播上的困难。

而且，即使知道"懋"字的正确发音，想找到"懋哥说装修"时，在手机输入"懋"字会很难。使用拼音输入法的用户需要翻很多页才能找到这个字；使用手写输入法的用户，则必须记住这个字的正确写法。

易传播、易搜索（输入），是好名字的另一个重要标准。

至此我们明确了好名字的两个标准：

1）能让观众秒懂账号的价值。

2）易传播、易搜索（输入）。

那么，一个简单又稳妥的命名规则公式就是：你的昵称+（讲/说/谈/侃/聊……）+你的选题领域。例如，扬哥说短视频。

除此之外，如果个人出身于一些知名企业、高校，或者获得过一些特殊荣誉，可作为亮点强调。比如，××网创始人老K、清华学姐S……

账号注册准备

从做好所有的准备工作，到正式把视频发布到账号上，还有一个细节问题：我们是应该注册一个新账号，还是使用已有的账号？二者有区别吗？

除了微信视频号需要所属微信有比较多的好友关系之外，在其他短视频平台，全新注册的账号通常比老账号更有优势。原因是，视频平台普遍采用"内容和喜好匹配推荐"的底层逻辑，所以使用全新账号，聚焦在定位的领域，可以使推荐更加精准。

精准，则更容易带来用户的积极反馈。

此外，很多平台在推荐的时候，会根据我们的手机号码，推荐给通讯录中的亲朋好友。站在平台的角度，是考虑到现实中认识的人会有很大概率喜欢我们的作品，但在实际操作中，未必能得到很好的反馈。

如果是同学，他们和你有相近的学术背景；如果是同事，他们和你在相同的行业。在被系统推荐到你的视频时，他们可能出于刷到熟人的新鲜感或礼貌，做出一些积极反馈，但很快会厌倦。

还有一些亲友，可能会将你与很多大V博主进行比较。要知道，早期的作品，一定是你创作过程中很不成熟的作品。如果亲友给出很多负面反馈，是很打击信心的。很多初学乍道的创作者就在这些"建议"声中放弃了创作。

所以在起号阶段，我更建议大家注册一个全新的手机号，在完全不让亲友知道的情况下悄悄进行。这样既屏蔽了所谓的友情点赞对账号产生的影响，又避免了过早地将不成熟的作品暴露给亲友，导致博主尴尬的局面。我把这种方式叫作"黑箱起号"。

除上述问题，对企业账号来说，还有一个重要的考虑，就是"数字资产"的管理问题。

企业一定要认识到，账号既是数字资产，也是企业实实在在的资产。

能够为企业获得流量的账号，其价值不亚于一家实体门店，甚至远超实体门店。企业不可能在购买一间铺面的时候，房产证上写一名普通员工的名字，但在短视频账号的注册上，很多企业忽视了这个问题，绑定了员工的身份信息，给自己留下了巨大的隐患。

无论是企业,还是个人IP博主,账号注册使用谁的手机号、实名认证使用谁的身份证、绑定的是谁的银行卡,这几个问题一定要重视。最好是企业的核心股东,甚至是创始人本人。

账号装修

在注册完账号之后,我们需要做的就是账号空间的装修。

如果把注册账号比作我们开了一家门店,那么在迎接我们的客人进店之前,做好装修,给第一批进店的客人留下一个好的印象,无疑是非常重要的。

账号装修主要包含头像、空间头图、签名档和置顶视频。

头像

头像的风格最好与选择的话题领域相关,并且要符合大众心理上对角色的认知。比如,律师的头像要显得比较精干,美妆博主的头像要显得比较时尚。

对于企业账号来说,企业的标志、注册商标,从理论上讲比较适合用作头像。但很多企业的标志和商标在设计时并未考虑到这一步,因此当作头像使用可能会不够醒目或难以识别。

如果创始人经常出镜,也可考虑用创始人头像作为企业账号头像。但如果经常出镜的仅是工作人员,并不是和企业长期绑定的核心利益人,则切忌使用其头像。

头像发挥作用的最关键场景，是在路人第一次刷到我们视频的时候。那时他眼角的余光会扫过账号的名称和头像。合适的头像会瞬间加强好感，提升路人转粉丝的概率，或者进入账号空间浏览的概率。

空间头图

空间头图，指的是账号空间最上边的图片展示位。如果把短视频账号主页比作门店，那么头图就是招牌。

好的头图设计，有以下3个考量：

第一，作为头像的强化，树立专业形象和初步信任。

如果是一位讲商业知识的老师，可以使用其在论坛演讲的照片；如果讲亲子话题，则可以放亲子照；如果主题是健身，很多博主就会展示自己的健美体型或锻炼场景。

第二，突出想营销的内容。

想吸引招商的连锁企业，样板门店的火爆场景就是最好的头图；想突出产品，可以拍摄产品的展厅或大型展会上的展位作为头图展示；想突出食品的健康，则可以展现养殖和种植场景。

第三，当账号有一定粉丝量，流量比较稳定，开始准备产品营销的时候，可以在头图中强化这一动作。

比如，在头图上用文字做私域导流："需要××资料包，进粉丝群。""领取××资料包，私信666。"此方式可引导粉丝与客服人员建立连接。

不同的短视频平台，头图有其固定的尺寸。图5-2是抖音平台头图的参考尺寸。设计头图时需要向设计师提前说明，否则会出现内容显示不全的问题。

更多信息可到"跟扬哥搞流量"的公众号，输入"头图"，下载多种的设计参考模板。

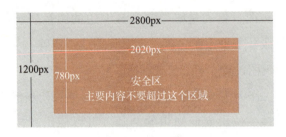

图5-2　抖音平台头图参考尺寸

签名档

路人的下一个关注点便是账号签名档。

签名档要突出核心价值，一般可以写职业成就、服务过的知名标杆客户、账号或人设定位亮点，并适当引导关注或添加微信私域。

签名档写作的一个注意要点就是主要使用短句。

在新媒体环境下阅读文字，观众的心态都很浮躁。大段文字容易使人不耐烦，直接跳过不看。

要学会把一段文字的核心要点拆成几句话，每句话用十几个字表达清楚即可，让路人目光一扫，就能迅速抓住要表达的意思为好。

示范案例1：某老师的介绍

李××，H大学音乐学院钢琴系副主任、副教授、研究生导师。1985年考入西安音乐学院附中，师从刘××教授。1991年考入本院钢琴系，1993—1995年在中央音乐学院进修，师从杨××教授。1996年毕业后留任M大学钢琴系教授。2008年获M大学钢琴表演专业硕士学位。所教授的学生多次在国内外比赛中获奖。

多次担任国内钢琴比赛评委：如2010年天津音乐学院主办的全国音乐艺术院校钢琴比赛；2012年北京中央音乐学院主办的星海杯全国钢琴比赛等。

上述这位老师的介绍，就可以提炼为图5-3中的文字表述。

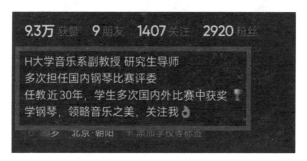

图5-3　某钢琴老师账号的签名档

示范案例2：企业介绍

杭州YY伞业集团是一家专业制伞企业，建有晴雨伞、太阳伞、雨衣雨披、伞具配件和装备制造等生产基地。公司总部位于浙江省杭州市，员工有500人。

公司创业15年来，坚持"创新、奋进、诚信、分享"的经营理念，实现了企业的健康持续发展。目前，公司已达到年产2000万把的产能规模。

公司建立了浙江省省级企业技术研发中心，并开创了"产学研一体"的合作机制。公司拥有一支技术全面的创新团队和技术带头人，具备较强的技术创新能力，在生产装备研制、智能化生产设计、伞用织物整理技术研究、产品开发等方面的研发能力已达到同行业领先水平。

上述企业的介绍，就可以提炼为图5-4中的文字表述。

图5-4　某制伞企业账号的签名档

在提炼核心的要点上，名词和数字往往是关键信息。句子中的连词、代词能删则删。

签名档的行数，以4行为佳。过长的签名会被折叠，无法显示。

简介的最后一行,也可以写上引导关注或者导流私域的句子,例如:"领取××资料,进粉丝群。"这种表述会大大提升粉丝加入私域群的概率。

置顶视频

大多数账号的置顶视频,会选择点赞量最高的爆款视频,觉得这才能体现出自己的实力。但是对于追求商业转化的置顶视频,我们要讲究三个"一"。

进入短视频主页空间的访客,相当于在现实中到访企业的客户。我们要如何接待他们,提升成交率呢?我总结有三个"一":

一起和老板吃顿饭。

一起看企业的荣誉墙。

一起试用企业的产品。

这现实中接待贵客的"三个一",让客户分别从感性上建立好感,从理性上建立信任,从体验上了解产品的特色。

相应地,我们空间置顶的三条视频的内容就对应:

第一条,讲我们企业的发展史和产品理念,从感性上和粉丝拉近关系,让粉丝认可创始人、组织和团队。

第二条,列举企业获得的荣誉、服务过的标杆客户和亮眼的成功案例,用以佐证公司的可靠性,以及产品和服务的优秀。

第三条,介绍产品或服务。这是成交客户避不开的一环。它可能类似一条赤裸裸的广告,但我们的目的是让粉丝对产品的特色有一个清晰的认知。

以上三条视频组合,让客户对企业文化、服务能力和产品特色都有了一定的认知基础,这对后续销售是大有裨益的。

现实中,客户来拜访公司的机会很少,我们也不可能让每位客户都体验到"三个一"。但在短视频环境中,我们每天更新的视频,都有机会将新的潜在客户邀约到我们的账号空间;而我们早已布置好的头图、签名档、置顶视频,就可以24小时无休地和粉丝建立更深程度的交流,最终达成我们的商业目标,变粉丝为客户。

付费助推

谈起付费助推,可能有人会问,既然这么辛苦地学定位、学账号装修、学文案、学剪辑,不就是为了发出的视频有流量吗?为什么还要学付费推广呢?

这是一个好问题。其实,付费并不仅仅是为了加大曝光度。

付费助推的四大作用

1)起号阶段加速探测人群。

2)A/B测试,发掘爆款要素。

3)爆款视频助推。

4)在投入产出比合算的情况下加大产出。

起号阶段加速探测人群

我们经常会看到有些博主选择的话题领域比较垂直，受众人群不广，在起号早期，视频只有几十到几百的播放量。

这可能并不是因为他讲得不好，也不是用户不需要，而是系统难以在茫茫人海中找到匹配的人群。

这时候的付费助推，目的不是为了增加几万播放量，更不是为了几百个点赞，而是希望系统找更多的人来看。通过增加这批人群的曝光，让系统能够更快地发现喜欢我们内容的人群的共同点，便于以后能够做到精准推荐。

这就类似于花钱给系统买了个"学步车"。学步车和拐杖不同，使用前者是为了更快地学习走路，早日独立行走，而使用后者是会变得越来越依赖于它，甚至没有它就走不了路。

这就是起号阶段通过付费来加速探测人群的意义。

A/B测试，发掘爆款要素

在互联网运营中，A/B测试是一种常用的寻找更优解决方案的操作手法。当你有两个解决方案，而且不能够判断哪个效果更好的时候，可以把两个方案都做出来，同时在互联网发布，让真实的数据反馈来证明哪个方案更优。举个例子：

假如你写了一个文案脚本，想到了两个开头。

第一个版本，悬疑型开头："你知道新号如何做到第一条视频就破10万播放量吗？"第二个版本，开门见山型开头："用好抖音的创作灵感工具，让你更快创作出10万+视频。"

这两个开头，到底哪个更好呢？

这时候你可以录制两条视频，区别是只有首句不同，其他文案都一样，这就叫 A/B 版本，同时发布出来，并且是发布在同一个账号上。

然后，每条视频都投 100 元推广，根据付费推广最终给你的数据反馈来判断哪个开头更优秀。

多次重复上述的测试，最后根据数据结果，你就会知道悬疑型开头和开门见山型开头，哪种是更好的首句格式。

这就是使用付费来对内容创作的爆款测试的方法。

爆款视频助推

付费的第三个功能是助推爆款视频。

可能有些人不知道，不同质量的视频，付费助推的成本也不一样。

这就像是一个美女，本身天生丽质，原本就有很多追求者；如果给她做征婚广告，很多广告商愿意以很低的价格接受这个任务。

付费投放系统也是类似的逻辑，原本视频的质量越好，花同样的钱，系统能够给的播放量越高。

试想，拍一条新的视频，视频制作成本是500元，平均能够得到50000的播放量；但发现最近发布的一条爆款视频，每增加500元付费投放，能获得系统80000的播放增量。那应该把这500元花在做一条新视频上，还是付费到这条爆款旧视频上？

这就是通过付费助推，让我们的爆款视频更火爆的底层逻辑。

在投入产出比合算的情况下加大产出

如果账号已经发展到变现阶段，就可以计算出相对稳定的投入产出比了。

此时需要核算：每投入100元，系统增加的播放量能带来多少客户、多少订单和多少净利润？

如果因付费助推产生的净利润，大于付费助推消耗的成本，则说明你的付费是在提高变现额度。

此时，你应该加大付费投放，放大收益。

这就是在变现稳定期通过付费助推来放大收益产出的方法。

综上，付费助推的目标不仅仅是获得播放和点赞，而是让账号更快且更顺利地走上轨道。能够站在让项目更快推进，让团队更快成长，提高项目收益的角度，正确衡量是否付费、何时付费及付多少，是一个优秀的项目负责人必须具备的能力。

4. 编导的工作

编导可能是除项目负责人之外最重要的角色。

从名称上我们可以看出，编导是融合了编剧和导演的功能。编剧主要是根据创作目标，选择合适的选题及进行文案脚本的设计，使内容从无到有；而导演则是在领会文案脚本的意图上，在拍摄现场通过调度演员和摄像等工作人员，将脚本上的文字变为可视的视频。

在短视频团队中,我们通常将这两个角色合二为一,编导可以说是"内容之父",其重要性不言而喻。

必须注意的是,短视频编导和影视编导在能力要求上有所不同。

短视频编导必须理解平台的底层逻辑,因为视频的火爆程度是由推荐算法决定的,不懂平台的推荐规则注定无法创作出爆款内容。而现实中的影视编导虽然也同样需要创作好的内容,但是拍出的电影能上多少影院的屏幕,拍出的电视剧能上几个卫视频道播出,则由其他人来负责。两者差别还是很大的。

我们还必须注意的是,以商业变现为目标的短视频编导,还需要深刻了解自己创作的内容和想要变现的产品之间的联系,要了解客户的购买顾虑和影响买单决策的主要因素。所以,企业的高管和创始人通过学习一些基本知识,反复实践,是完全可以胜任编导岗位的。

另外,能够根据项目团队的人员配置选择合适的展示模式,也很重要。现在流行以单人口述讲解的方式(简称:单人口播)来做短视频,但这种模式对出镜人的语言表达能力要求较高,并非所有的企业高管或创业者都能胜任。相反,有些企业本身具有一定规模,展示企业的实地场景反而更能突出优势。根据企业的实际条件和相关出镜人员的特质,匹配合适的展示模式,也是一名优秀编导需要具备的能力。

下面我们来讲解几点编导环节将会涉及的内容。

平台的内容推荐机制

"生存还是毁灭,这是一个值得考虑的问题。"

套用莎士比亚在《哈姆雷特》中的一句著名台词,放到短视频语境中,可以这样演绎:"爆款,还是暴毙,这是一个值得注意的问题。"

很多新手创作者本能地认为应该"语不惊人死不休",所以在创作初期只顾惊悚擦边,期待迅速爆火。但之后,他们发现其实这种效果不佳,就算偶尔起效,也会因为违规而导致账号暴毙。

平台内容推荐的底层逻辑和内容管控的规则,是编导需要学习的第一课。

爆款产生的底层机制

爆款是如何产生的?为什么别人的视频播放量有几百万,而你做了很久,却只有几百?系统推荐的底层逻辑到底是什么呢?

无论是抖音、快手、小红书,还是微信视频号,短视频平台推荐算法的底层逻辑只有一个,就是筛选好内容+精准匹配用户人群。

那么,系统如何定义好内容呢?

系统眼中的好内容

一条视频发布之后,系统的人工智能(AI)会通过以下3

个方式来识别这条视频的内容：

1）图像识别。系统会每隔一段视频抽取一张视频截图，对图中的事物进行分析。图像中是出现了人、动物，还是物品？是男人还是女人？是老人还是孩子？是猫，是狗，还是大熊猫？然后，它根据识别出来的内容打上信息标签。

2）语音识别。人物的对话、背景的解说词都会被系统识别，借此了解这个视频的话题领域。是明星娱乐新闻，还是生活小常识？然后，系统根据识别出来的内容，打上相应的标签。

3）文字识别。对于视频画面中出现的文字和字幕、视频的标题，观众留下的评论，系统也是可以识别出来的，并将其作为信息标签的一部分。

系统通过识别图像、语音和文字，了解此条视频的内容。接下来，系统就会把视频推送给喜欢看相应主题的用户群。

系统如何知道用户的喜好

对于一个新用户来说，系统是无法知晓他喜欢什么内容的。就像一个餐厅老板，面对第一次进店的食客，难以把握对方的喜好。

但系统可以通过观察记录用户的浏览习惯来猜测用户的喜好。

上文曾提及，系统可以通过识别视频内容，给视频打下很多不同的内容标签；之后通过向用户推荐大量视频，再根据数据反馈，判断用户的内容偏好，直至达到：懂用户所爱，推送的都是用户喜欢看的。

用户的哪些行为代表了积极反馈，哪些行为又代表了消极反馈呢？用户是否看完了整条视频？他有没有点赞、评论、转发？他是否跑到这个博主空间看了博主更多视频？用户是否关注了博主，抑或看了几秒，就迅速划走？"划走"这个动作，显然是一个消极反馈。

而接下来，系统会做出一个"猜你喜好"的判断。比如，同一用户看了4条视频，有如下反馈结果（见表5-3）：

表5-3 用户观看视频反馈表

视频	视频中出现的内容要素	该用户观看反馈
1	宠物狗，美女，花园，小孩	积极，看完+点赞
2	小孩，花园，童车，儿歌	消极，迅速划走
3	宠物猫，宠物狗，宠物医院，训宠师	消极，迅速划走
4	美女，滑雪，雪山	积极，看完+点赞

这个用户的真正喜好是什么？

大概率是"美女"！

因为有"美女"要素的视频，该用户反馈都比较积极，而对其他关于"宠物""小孩"等要素的视频，都有明显的消极反馈。

那么，系统接下来就会给这个用户多推荐含"美女"标签的视频。如发现该用户的反馈如预期一样积极，则系统判定，这是一位"爱美人士"。

匹配推荐的问题解决了。下一个重点是系统如何分配流量，决定哪条视频被多推荐，哪条视频被减少推荐呢？

视频推荐的流程（见图5-5）

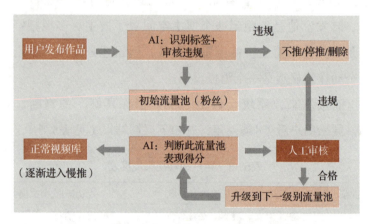

图5-5　短视频内容发布之后的系统推荐流程

以抖音为例，当我们上传一个作品之后，抖音的AI会首先对这个作品进行识别和审核。

1）识别与审核。识别是为了了解这条视频是什么内容，有什么要素，该推送给什么样的人群。

审核是检查视频是否有违规的内容，是否有不适宜传播的要素。

通过AI识别和审核，作品才开始被推荐。

2）初级流量池。视频推荐的过程，像竞技比赛一样，从小组赛，再到半决赛，再到决赛，一关一关地通过，奖励

（推送的流量，也称为"流量池"）也越来越高，故被称为"赛马机制"。视频面临的第一关，是被推送给200~500个用户。同场竞技的是众多同类话题的视频，胜出的依据是完播率、点赞率、评论比等指标。

最后的结果是指标更好的视频会进入下一关，得到更多的流量推荐；而失败者的播放量会停在当前的数字，惨遭淘汰。

3）流量池升级。流量池升级，相当于你通过了第一关，进入了更高阶的第二关。

第二关的推荐量是1000~2000个用户。规则和第一关完全相同，只是竞争对手变强了，因为他们也刚闯过各自的第一关。

获胜者继续升级，进入下一个更大的流量池，遇到更强的对手，也获取了更多的流量推荐，以此类推。视频或在竞争中失败，或一路过关斩将，直到被推送给全网每一位喜欢这个主题的用户。

4）介入人工审核。在流量池不断升级的过程中，在某些节点，比如播放量接近1万、5万、10万、20万的时候，系统会增加人工审核。

虽然视频在竞争中赢了，但平台也担心视频的内容可能不适合再大规模地推广，比如低俗内容、颓废的价值观、违法违规内容，因此审核员要看一下。

平台的人工审核不是一轮，而是随着流量池的升级，介入多轮人工审核。

每一次人工审核，但凡让审核员觉得视频存在不适合推广的因素，都可能导致你的视频立刻出局。

所以，你的视频火了，流量爆了，其实是在层层竞争中淘汰了同领域的其他视频，并且在一次次人工审核中顺利过关的结果。

违规和限流

当你成为一位内容创作者之后，你会发现你的视频时不时又被限流了！这种苦恼会成为你的日常。

限流是必要的安全措施。

一条在抖音上爆火的视频，有几百万的观看量，这相当于在国内的主流电视台播放，因此内容的监管一定要非常严格。限流背后的原因可能是：

1）大量观众投诉。很多人臆想出来的流量密码，就是捧一踩一，比如搞性别对立等。

这些话题确实容易引发观点论战，但也容易招致用户投诉。

很多平台在推荐系统中设定了投诉率警戒线。一旦触碰警戒值，视频就不会再得到流量。毕竟没有平台喜欢充满戾气的用户。

2）违反国家相关规定。大多数人并没有主观意愿去违反国家的法律法规，但很多人其实并不十分了解国家已有的相关法律法规。不懂规则的人，又谈何遵守规则呢？

比如，很多人喜欢发一些新闻，但不知道国家对于发布新闻、评论新闻及解读某些信息，是需要相应资质的。普通新媒体账号或普通企业账号是不具备这种资质的。

又比如一些生活中常见的粗口，对某些地域、性别的歧视性语言，以及颓废观点、不正确的两性婚恋观等，这些都有相应的法规进行约束。

曾有运动博主为了博取流量，违反交通规则危险驾驶；有美食博主为了博取流量，烹饪并食用国家保护动物；有带货博主为了推销自家产品，无底限且无证据地诋毁竞争对手的产品。这些行为分别违反了《道路交通安全法》《野生动物保护法》《广告法》和《反不正当竞争法》。

这里涉及的法律法规太多，我们整理了一些需要了解的法规原文，放到了公众号"跟扬哥搞流量"里，有兴趣的读者可以到公众号中回复"限流"获取。

3）因为违反平台规定导致的限流。平台都不希望创作者在自家平台宣传其他竞品，或者将用户导流到其他平台，这类导流的内容的流量不会很高，通常会被隐形限流。

熟知爆款和暴毙的规则和尺度，是一个合格编导必须掌握的技能。

有能力产出吸引流量但不违规的内容，才是真正的优质创作者；创作不违规引流并且还有商业价值能变现的内容，才是我们商业机构和创业者追求的核心目标。

如何做爆款选题

总有那么一类人，他们更容易获得别人的关注，在各种场合成为众人瞩目的焦点。那么在短视频平台，是否也有那么一类内容，更容易获取播放量呢？

答案是有，我们叫它爆款选题。

本节将介绍找到你所在领域中爆款选题的方法，而且是成批的、源源不断的创意。

提到创意，很多人会想到一个传统的方法：头脑风暴。头脑风暴确实是一个可行的方法——把能想到的点子全都列到一个黑板上。在研讨的过程中，不对其他人提出的点子做评论，更严禁否定别人的想法，每个人全力去想新点子，最终把黑板上累积的点子整理起来。

但头脑风暴法有一个最大的缺点，如果团队成员对新媒体都没有足够的经验，即使做了头脑风暴，得到的选题也不一定优质。此时，我们可使用以下5种方法来批量获得优质的爆款选题，它们是热门工具法、竞对选题法、客户问题法、粉丝热评法和爆款内容重置法。

热门工具法

以下提到的3种热门工具，都是抖音官方为创作者提供的。

抖音是当下短视频领域的王者级平台。在抖音上火爆的热点，在其他平台上的热度也不会差。而且抖音的这三种工具都是免费的，只要开通抖音账号，就可以使用。

1）抖音热点宝。抖音热点宝每天会实时汇总抖音的热点话题。用户可以通过在抖音APP中搜索"抖音热点宝"找到这个工具，也可以在PC端访问它的网址：https://douhot.douyin.com/（见图5-6）。

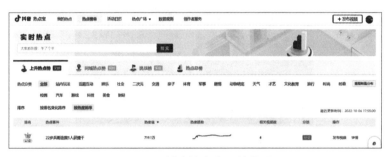

图5-6　抖音热点宝网站截图

另外，根据热点创作的视频，如果想在抖音上发布的话，发布时最好链接一下热点话题，通过这种方法可以获得更多的额外流量扶持。

2）创作灵感。创作灵感也是抖音的一个免费创作的辅助功能。我们在抖音APP的搜索栏里输入"创作灵感"，便可在搜索结果中看到创作灵感入口（见图5-7）。

使用它的前提是创作者必须已经发布了一些视频，抖音系统会根据已发布的视频来判断创作者的话题领域，然后自动搜索这个领域的其他博主使用过的热门选题。

图5-7 在抖音APP上找到"创作灵感"工具

创作灵感的另一个用处是,汇总你所在的选题领域内近期数据表现较好的一些博主,这个功能可以一次性找到同话题领域的众多竞争对手、对标达人,非常方便,实用性很高。

3)巨量算数—算数指数。在抖音APP中搜索"巨量算数"关键词,也可以在PC端登录相关网站:https://trendinsight.oceanengine.com/(见图5-8)。

巨量算术工具的特征是可以找到一个核心词的关联词。例如,一位讲职场技巧的老师,想知道关心"加薪"话题的人群还关心其他什么话题。没有工具的时候,他可能需要根据经验去猜测,或者做用户访谈调研,但巨量算术可以直接根据抖音的统计数据给出答案。

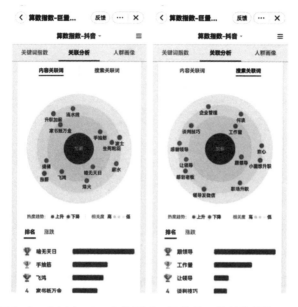

图5-8 在抖音APP中找到"巨量算数—算数指数"工具

如图5-9所示,在巨量算术的算数指数页面直接输入核心词"加薪",就可以得出关联词的词云。这个结果是系统通过数亿抖音用户的使用行为统计出来的,有较高的参考价值。

巨量算术还有一个非常实用、非常强大的功能:同样一个核心词,在一年的不同月份里,用户对它的关注度是不同的。巨量算数可以指导创作者提前做好相应的内容,在选题热度上升或顶峰时发布,从而获取最大的曝光收益。

例如,我们以核心词"加薪"为例,在算数指数中搜索"加薪",选择起止时段,就可以看到这个话题在不同月份的热度曲线。

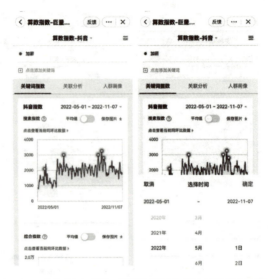

图5-9 在手机上使用"算数指数"看关键词热度趋势

热门工具法的核心思维,是借助已有大平台的后台数据统计,为我们揭示出目标用户的使用习惯和关注点变化趋势,借助数据把握用户并发现选题。

以上三个工具都是抖音免费提供的。考虑到抖音6亿多用户的日活数据,这些数据工具得到的结果,即使以其他短视频平台为创作主战场,也是可以参考使用的。

竞对选题法

现在很多领域都有众多成熟的博主。用消极的观点来看,每个赛道都很拥挤;但是从积极的角度去分析,后来者不再需要自己去探索什么样的选题更能吸引观众的注意或更容易成为爆款，而是完全可以通过调研同领域博主得到答案。

当然，调研的目的是为了找到选题，而非直接照抄搬运其他人的内容。

我们调研的平台不局限于各大短视频平台，相关主题的公众号、知乎、百度贴吧、喜马拉雅APP、相关专业博主的微博，甚至实体书籍，都可以作为参考。

特别需要强调的是，我们找的是选题，而不是照搬答案。

找到选题，指的是找对目标，找到用户关心的问题。照搬别人的内容，则是抄袭。抄袭可能一时获得快速增长，但长期来看是没有未来的。

找到竞争对手做过的爆款选题之后，如何做内容呢？

强则重新解释，弱则整理精编。

如果我们本身能力够强，有独特的见解和经验，可以发挥特长对选题进行再解释；如果我们本身能力较弱，给不出超越现有同行博主的见解，则可通过汇总多个来源的答案，对答案进行整理精编。整理精编，对于用户来说，也是一个新的价值。

竞对选题法在本质上是以竞争的眼光来看待内容创作。吸取竞争对手的经验，减少自己走弯路探索的过程。

同时，对于竞品的调研，本身就是我们自身创作团队重要的学习过程。对手常常是最好的老师。

客户问题法

做短视频流量,最终目标还是变现。

有销售经验的人都知道,顾客在买单之前,都会提出一些顾虑。我们称之为"顾客的异议"。有经验的销售会在和客户的沟通过程中,预判客户的异议,提前解决,从而提升最后成交的可能性。

这个思路在短视频选题上也是通用的。

我们可以从自己网店商品的评论区、售前和售后客服、竞争对手的评论区收集整理客户常见的问题,做成选题。这种选题对提升成交率的效果非常明显。

比如,我的一个学员通过短视频和直播销售生鲜产品烤肠,经常有客户反馈收到货的时候,烤肠摸起来有点软,担心是不是路上融化了,吃了会不会闹肚子。

但这其实是因为烤肠配料工艺中有白酒,冰点较高,要零下十几摄氏度才能冻硬,一般冷链达不到这么低的温度。但只要用户收货时保温箱内冰袋未化,烤肠是没问题的。这个问题出现的频率在当时售后中是最高的,隐含着客户对物流的不满和对食品安全的顾虑。所以,我们就把它做成选题,拍出视频,解释原因,同时还做了收到烤肠后如何保存、如何料理等内容,获得了不错的反馈。此后,此类问题在售后中出现的频率也大大降低了。

客户问题法的本质是通过对客户的了解,预判客户的顾虑,通过做选题和做内容的方式,减少在未来销售中或售后过程中的阻碍。

粉丝热评法

粉丝热评同样是指借助用户的眼睛来发现用户关心的问题，主要来源有两个：一个来自于自己账号粉丝的互动，比如视频留言区、私信、粉丝群的问题；另一个来自竞品博主粉丝的留言，尤其是高点赞的热门留言。

以粉丝的问题做选题，还会让粉丝对这个博主有一种亲切感：这个博主很有亲和力，平易近人，对粉丝问题很关注，事事有回应。

爆款内容重置法

当然，每隔一段时间，对于之前做过的爆款选题，仍然可以重启，重新拍摄。高频创作会让创作团队快速成长，3个月前做的选题，回头再看，你会从中发现某些不足之处。认知提升了，拍摄剪辑的水平提升了，我们就可以选择把曾经的爆款选题再做一遍，这叫作爆款内容重置法。

热门工具法、竞对选题法、客户问题法、粉丝热评法和爆款内容重置法的综合运用，足以解决大多数博主不知道去哪找选题，以及不知道哪些选题是好选题的问题。

综合应用以上5种方法，好选题，没问题。

呈现形式

确定选题后，紧接着要确定内容的呈现形式。

首先要排除的是表演的形式。因为无论是一人表演还是多人表演，项目的执行难度都非常高。它不仅涉及表达什么、怎么表达,还涉及眼神、动作、语气、神态,如果是多个人,难度呈指数级增长。表演对摄像、剪辑等后续工作的要求也会更高。

从观众的角度来说,即使是看专业演员和团队创作的影视作品,人们都在挑剔哪些演员表演拙劣,哪些情节生硬,你又如何能保证一些外行人,能在短时间内做出让观众满意的表演呢?

口播讲述的形式——类似电视主持人播报新闻——是一个很好的起点。很多优秀博主都是用这种方式起步的,而且是仅仅对着一台手机,一个人就完成了内容创作的全流程。现在这种模式越来越成熟,出现了很多新的形式,汇总如下:

一人口播 · 面对观众

一个人面对着观众讲话,是非常常见的口播模式之一,非常适合知识类和故事类的博主,如读书、财经、健康、育儿、历史、人物传记等领域的内容(如图5-10左所示)。

此类创作的要点在于选题、文案,以及讲述过程中博主的表现力。口播过程中,博主若带一些表情和肢体动作,会是很大的加分项。

不足之处是,整体画面略显单调,对于表达能力弱,或者在镜头前过于拘谨的博主,要经历一段时间的适应期。我们在第三章曾提到过短视频内容中的"情绪价值",以及为什么线下很成功的演讲者却在短视频和直播中表现不佳。直面镜头拍摄或直播时,主播看不到交流对象,需要训练自己的"克服对象感"。诀窍是要把镜头当成观众的眼睛,直视镜头,找到和人交流的感觉,让观众感觉主播在跟自己视频聊天,甚至面对面对话。

这需要一定程度的刻意练习,但是为练习所支付的时间和金钱成本,是一个人在较短的时间内可以负担的。总体来说,一人口播是很好的起点模式。

一人口播+侧对观众

直面观众是一种博主和观众进行面对面对话的模式,如果博主表现力不够,很难吸引观众停留。侧身讲述(如图5-10右所示),则给观众一种在旁观的感觉,一定程度

图5-10 左,面对观众的形式;右,侧对观众的形式

上规避了前面的问题。若博主开篇抛出的话题足以引起观众兴趣,观众停留的时长是优于直面观众口播的。镜头表现力较弱或风格较平和的博主可以优先尝试用这种形式口播。

在实际拍摄中,如果有一个人真的坐在博主对面进行对话,多数博主会表达得更加自然。而博主要避免下意识地去看摄像镜头的动作,否则会有穿帮出戏的感觉。

两人/多人对话模式

对话模式避免了一个人唱独角戏的尴尬。

因为有了搭档,主播的表现更加自然。但由于同一画面要容纳多个人,显得人物较小,观众不易看到出镜人的表情。

有经验的团队可能采用多机位的方式来进行拍摄,尤其是多人对话的时候。但能驾驭这种内容制作模式的团队已经接近于一个小型访谈类节目制作组的水平,对于大多数短视频团队来说,难度较高。

对话模式最简单的方式还是问答式。由副角提出问题,主角进行回答。这可以看作是上述一人口播模式的升级版。

一人讲解+动作展示

主播一边口头讲解,一边进行动作演示,在教学或商业机构的视频中很常见。

演示的操作可以是做一道菜,也可以是操作一个设备,或是展示一件商品的使用方法;口头讲解的内容就是动作要领、操作步骤或当前商品的功能和卖点。

拍摄画面通常有两个机位，一个机位展示主播的上半身，让观众看清整体动作（如图5-11左所示）；另一个机位拍摄主播的手部操作细节或商品细节，也是视频要重点展示的地方（如图5-11右所示）。

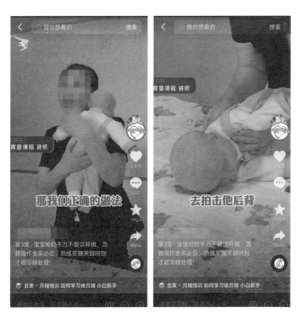

图5-11　左，演示整体动作；右，演示手部操作细节

这种模式比单纯讲解的口播模式内容更加丰富和吸引人，同时又展示了具体操作和产品细节，有利于商业变现。

在呈现形式上，企业做短视频，一定要考虑成本和可持续性。

复杂的呈现形式并不一定能提高视频的流量，但一定会提高制作的成本。大多数企业不太可能建立满配的短视频团队，往往难以维持高昂的视频制作成本。这时，选择能力上团队能做、成本上企业能承受、更新频次能保持的呈现形式，就是关系到项目是否能够长期运行下去的关键。

文案脚本结构

如何设计好的文案结构？有没有模板可套用？什么样的文案可以让账号更快涨粉？什么样的文案能获得更好的互动率？对新手来说，离成功最近的路就是用成功博主的成熟套路，迅速武装自己。

如何设计好的文案结构

记得多年前，教我写作的老师曾讲过，一篇好文章有3个特征，今天在短视频文案中依然适用，那就是"虎头、猪肚、豹尾"。

虎头，是指开头的时候一定要够精彩，能够抓住人。

猪肚，是指文章的主体内容要丰满，让人听了之后或受感动，或有收获。

豹尾，是指结束的时候一定要精彩，要像豹子的尾巴一样有力，让人回味悠长。

对应短视频文案，虎头就是解决开篇留人的问题，即在视频的前两三秒，最多两句话的时间，能把人吸引住。

猪肚，就是内容丰满，让人有价值感、收获感、认同感,这样观众才会去关注账号。有的同学抱怨:我的视频有几百万的播放量,为什么粉丝却涨得很少呢?那就需要检讨一下,是否视频只是刺激了观众的好奇心,让人放松了一下,但感觉不到太多的价值呢?

短视频只有几十秒,豹尾起什么作用呢?做互动,即吸引评论,引导关注,引导用户到你的空间里观看更多视频。

综上所述,"虎头"开篇留人,提升完播率;"猪肚"增加内容的含金量,提升转粉率;"豹尾"引导互动,提升互动率。这才是一个好的短视频文案结构。

开篇留人的"虎头"

虎头,就是开篇的第一句话,顶多算上第二句话,时长大概只有3~5秒。

有3种提升前5秒完播率的方法:爆炸新闻型,违反常识型,趋利避害型。

1)爆炸新闻型。爆炸新闻型是利用了观众喜欢"吃瓜"的心理。比如,"2023年抖音第一波重点活动,百亿流量扶持来了!"

爆炸新闻型开头,很多都和大数字、大人物、大事件相关,让人一听就感觉有事情发生了。虽然有些俗套,但屡试不爽。需注意的是,我们不仅仅希望将人留下,更希望让人认可我们的视频内容有价值,值得关注,创作者的人品可信。所以,我们要适度使用爆炸新闻型开头,并且使用时要考虑好后面的内容应如何与之相符。

2）违反常识型。违反常识型点亮了观众脑中猎奇的信号灯。比如，"只有小学学历的他登上了清华大学的讲台授课，靠的就是这三点好习惯"。小学学历到清华大学去讲课，是不是违反常识了？这样就更显得要讲的三个习惯威力强大。

再比如，"借钱给别人，自己反成被告，因为合同写错了一个字"。借钱给别人反而遭殃，观众会好奇发生了什么，而且借钱又是很常见的事情，很容易引起共鸣，观众自然就留下了。

使用这一技巧，同样要注意后面的内容必须有营养，要能"圆"得回来，不是胡编乱造。切莫成为"标题党"。首句虽然引人注意，但后面的内容通常都是生编乱造，这样的视频播放量可能很高，但评论区都是负面的反馈。这显然不是创作者所希望看到的。

3）趋利避害型。人都有趋利避害的本能：看见好东西就想要，看到有危害的都想远离。

比如，"不出镜，不写文案，学会用这个，一样能做出爆款视频"。怕出镜，不会写文案，是视频新手的普遍痛点。开头第一句便直接击中这样的痛点，吸引观众停下来看完这条视频。

再比如，"这三种习惯不改，每天 10 万步照样瘦不下来"。对于一个想瘦下来的人，刷视频的时候听到这句话，是不是很有吸引力？他可能会立刻停下来看看到底是哪些习惯有这么大威力，破坏了自己的减肥大计。

趋利与避害，避害往往更能引起格外关注，比如我们以前做过的母婴账号，对于"宝宝呛奶""睡姿不正确影响发育""海姆立克急救法"等话题，在同一个账号里使用了多次，次次都能成为爆款。

高黏性的"猪肚"

我们前面提到文案的主体部分，也就是"猪肚"，要丰满。丰满，自然指的是含金量要够，要对观看的用户有帮助、有价值。但丰满也会有一个问题，就是用户可能没有耐心看完。上一秒就划走的人，是没有办法体会到你下一秒的精彩的。所以我们在提供有价值的内容的时候，还必须考虑要让内容有黏性。

给大家两个招数，一个理性的，一个感性的。

理性的，我们可以给工具，尤其对于知识类的视频，非常的好用。大家对于有用的知识都有收集的癖好，如果你在视频里加一句"我今天讲的这个公式/表格/数据/思维导图，放在视频的最后了，大家下载保存就可以了"，那么你会发现，这个视频的下载率会非常高，转粉率也会很高。这就是给工具。

感性的，我们要学会讲故事。因为人天生就爱听故事。中国历史上流传下来很多经典著作，既有讲道理的，如《道德经》，又有讲故事的，如《西游记》。

《道德经》只有5000多字,但是普通人能记得起来的经典句子,可能不超过10句。对于《西游记》,你随便拉住一个中国的小朋友,他都能给你讲出个大圣降妖的故事。

我们要学会把想讲的道理变成一个个故事演绎出来,通过故事来让观众自己领悟到道理。这样,我们的视频既留住了观众,又没有很强的"说教感"。

引导互动的"豹尾"

传统写作的豹尾,是想让读者回味悠长;我们做短视频的结尾,还是要把我们希望拿到的数据补上。因为,推荐系统最终是要考核我们的数据的。

点赞、评论、转粉、进入空间,如果我们不提醒,很多用户就会忘记,直接划走了。

成熟的方法也很简单,我这里收集了一些普遍适用的句子,新手可直接模仿、添加到你的文案结尾就可以了。

1)提升点赞率。我做一条视频需要两个小时,您动一下手指只需要不到一秒,如果觉得这条视频对您有帮助的话,请给我一个小爱心。

2)提升评论率。我每天拆解一个行业的爆款视频脚本,若您还想知道哪个行业的案例,欢迎在评论区留言。

3)提升下载率。这条视频的话题可能有点敏感,说不定待一会儿就消失了,需要的话请您赶紧下载保存。

4)引导进入主页。我是××,20年金牌育婴师,每天讲述一个实用育儿技巧,想知道更多,右划进入我的主页空间。

关于更多豹尾引导互动的句子，可以到公众号"跟扬哥搞流量"发送"豹尾"关键词，索取更多。

5. 出镜主播的工作

那些不了解短视频生产流程的普通观众，往往认为主播是整个团队的核心，把主播想象成全能的、完美的。其实在创作流程中，主播展示什么内容，是由编导负责设计的。一个成功的出镜主播背后，必定有一个默默奉献，提供了优质选题和文案脚本的编导。只不过在有些以打造企业创始人或者老师、专家的个人IP的项目中，编导的选题创作和主播的出镜演绎，最终集合到了创始人或者老师、专家一个人身上。

对于很多企业来说，出镜主播是体现企业核心价值的人员。

比如，对于一家餐饮企业，客户关心的是菜肴品质，厨师就是很好的主播人选；对于教培或咨询企业，客户关心的是老师和专家的能力，出镜主播也应该是他们；对于医美或美容行业，客户关心的是技术和效果，很多出镜主播是医生或行业专家。

主播作为内容的呈现载体，无疑是重要的，但是作为商业组织，如果主播本人不是创始人或核心股东，是由普通员工担任的话，人员的稳定性会极大地影响账号的稳定性。因主播离职导致账号停更、停播，甚至以主播为核心跳槽到竞争对手旗下,或者主播带团队出去创业,抢走老东家客户,都是现实中曾发生的惨痛案例。

所以,我们建议,在商业组织的账号中,除非账号就是以打造出镜主播个人IP为目的,否则企业应该尽量避免粉丝聚焦在某一位出镜主播身上。企业可以根据目标,以固定单主播或多主播配合轮替的方式进行短视频的拍摄。

固定单主播

出镜主播为固定一人,主要根据主播的特质进行展示。即使账号名是企业的名称,但在观众眼里,仍等同于主播的个人账号。在用户的认知中,如果这个人是专业的、可靠的,那么这个人创立的公司、提供的产品也是专业的、可靠的。以商业变现为目标的个人IP打造的底层逻辑也基于此。

专业、可靠是个人商业IP最需要打造的两个特质。

个人IP不仅可通过销售课程变现,同样可以销售产品。今天的短视频和直播领域,有大量的商业创始人,通过打造个人IP销售产品。比如,在抖音平台有一个在山东从事海鲜销售的经销商的个人IP(@小范的海鲜美食)。通过短视频获取流量,直播带货变现,商业价值可能超过一家线下的大型实体商场。同样的逻辑,应用在服装、日常用品、儿童玩具、餐馆、母婴、教培、美妆等领域都是行得通的。

商业机构的主播,不同于演艺公司的演员,切忌刻意去"演"。

这时我们更应该把摄像机看作用户的眼睛。主播仍然是原本企业中的那位员工。他应该是以接待"来访顾客"的心态，展示我们的环境、荣誉、产品、服务。

如上文提到的山东海鲜经销商，其短视频中经常出现的内容，有海鲜从海里刚刚捕捞出来及卸船的场景，用来展示货品的新鲜；有工厂清洗加工海鲜的场景，展示了工厂的规模和良好的生产环境，让用户可以放心下单；也有教用户如何将海鲜烹饪成美食的教学视频，用美食刺激用户食欲，增加下单概率。

在现实中，这些都是在接待客户来访时，进行的正常操作。拍视频，只是把摄像机镜头当成了来访客户的眼睛：以前一次只能接待几位客户，今天的短视频可以面对成千上万的用户；以前客户必须亲临厂家现场才能参观，今天粉丝随时随地用手机就能看到我们。

本色，是非专业演员最好的演技。

商家的本色，也是潜在顾客最想看到的内容。

多主播轮替

多位主播轮替出镜，一方面解决了人员稳定性隐患的问题，另一个方面避免了仅一位主播的情况下其表现不佳的问题。这种方式可通过多人尝试直播，发掘优秀的出镜苗子。

比如，我们曾帮助一个国内零售业巨头打造线上直播带货的账号，实际的拍摄场地就是他们的线下旗舰店，几乎整个门店的员工都是出镜主播，通过员工间的互动，如同事间问答或一人扮演客户一人扮演导购来呈现门店的服务和专业能力。

这样做也有缺点：前期参与的出镜人员太多，导致需要设计的内容、沟通训练的工作量都加倍；每位出镜人员又因为出镜机会有限，进入角色进程较慢。

但好处也显而易见，在之后的3年时间，团队中多人出现正常的岗位变动，有人退出，也有新人加入，但对账号的影响却微乎其微。

多主播轮替的另一个好处，不仅是拍短视频时候有了备用人选，在后期直播变现的时候，也有更多的人可以胜任直播主播。之后我们在直播变现章节再做详解。

6. 摄像师与剪辑师的工作

摄像和剪辑属于视频内容的制作环节。

警惕"差生文具多"。企业在这里会犯的第一个错误，就是硬件设备采购问题。

器材选择

新人刚开始做内容的时候，心态上容易犯一个错误：功夫没有下在重要的准备工作上，如竞品账号调研、选题搜集，反而寄希望于用高端硬件设备一步登天。

对于大多数人来说，达到基本的画面清晰、声音清晰的效果，早期投入零到数百元足矣。

主力录制设备——手机

录制设备，首推日常使用的手机。

绝大多数的主流品牌手机，哪怕是千元左右价位的，都足以应对短视频拍摄。在抖音视频中，有大量普通人随手记录的日常，也能爆火。

当然也有一些简单的注意事项，可以提升手机拍摄质量：

1）保持镜头的清洁。拍摄之前使用纸巾或镜头布对手机镜头进行擦拭，确保没有明显污渍。

2）尽量使用后置摄像头。对于大多数手机来说，后置摄像头的效果都要比前置摄像头强很多。用手机后置摄像头进行拍摄可以使画质明显提升。

3）使用手机三脚架或稳定器。手持拍摄时，手部的晃动会严重影响拍摄的清晰度。用几十元到百元出头的三脚架固定，可明显提升画面清晰度。

可能也有人会考虑使用相机拍摄。

相机会提供比手机更高的清晰度，但使用相机也有以下几个弱点：

1）相机拍摄出的画质更清晰，但视频文件也更大。后期剪辑时需要的电脑配置更高，很可能需要额外选配电脑；而手机拍摄则完全可以直接在手机上使用剪辑APP完成剪辑。

2）相机自身不带美颜等调节功能，对于希望拍出更好颜值效果的人来说，直接用手机或美颜APP拍摄，可节省大量后期工作。

3）除购买相机外，我们还需要购买适配的存储卡、充电器，甚至是昂贵的专业镜头。配件的费用也是一笔不小的投入。

4)相机体积大,携带不方便;拍摄前还需要调整参数,不能做到随用随拍。

总之,如果拍摄人员本身不具备丰富的拍摄经验,使用专业相机只会让拍摄出来的视频效果更差。

最影响画质的要素——灯光

影响拍摄效果的要素,拍摄设备只占不到50%,灯光的方向和强度影响更大。掌握一些拍摄时用光的基本常识,采购一些基础的补光设备,可以低成本且快速地提升拍摄的效果。

对于大量需要在室内拍摄的知识讲解类视频,采购一两盏带柔光箱的补光灯是必要的。新手早期选择入门级别的一两百元的小品牌补光灯即可(见图5-12)。

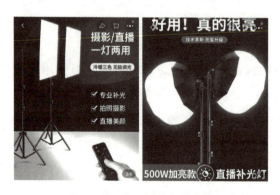

图5-12 电商网站常见的入门级补光灯

容易忽视的要素——录音设备

新手还容易忽视的一个要素,是声音的清晰度,这对于以文案为核心的知识讲解类视频极其重要。优化方案也很简单，一条常见的录音线就可以解决。我们可以使用手机自带的耳机麦克线，也可以选择一两百元的入门级有线录音线。

总之，企业在设备上的投入，前期建议谨慎购买，先用手头的设备做起来。买设备是简单的，怕是买到了设备，没人会用；甚至做了没几天，整个项目计划又发生重大变化，几乎全新的设备沦落到在墙角吃灰，这种事例也屡见不鲜。

把精力和金钱投到人身上才是正道。

摄像师

对于大多数企业来说，摄像往往是不需要设立专门岗位的。因为企业即使自己做短视频，摄像的工作量也是远远不够饱和的。但是，摄像又是一个重要的岗位，有专业的技术门槛。绝不是有了拍摄设备，由一个普通员工去按一下开机键，就可以解决的。

我们给出的建议是，早期可以考虑雇佣日结的自由摄像师担任。一方面，自由摄像师有良好的专业背景，可以根据雇主的需求灵活调整拍摄方案；另一方面，自由摄像师作为乙方，对甲方提出的需求会更积极地配合。短期使用起来的效果，远胜于外行员工勉强顶岗。此外，很多自由摄像师会携带自己的摄像设备，可以节省企业的硬件成本。

在人选上，早期建议企业在招聘网站发布兼职信息，招募多位自由摄像师面试，甚至可以给多名候选摄像师一次实拍的机会（当然，如果占用对方时间较长，应该根据对方报价、协商付费），最后根据他们给出的结果和服务的态度，选出长期合作的人选。

剪辑师

剪辑是一个容易被忽视的重要岗位。

影视行业有一句话：一个影片有三个生父，第一个生父是编剧，他把灵感变成剧本；第二个生父是导演，他把剧本拍摄出来，变成视频素材；第三个生父是剪辑师，他将拍摄的素材变成最终呈现给观众的影片。

剪辑师的职业特点，有点像上文的摄像师。他不仅要会用剪辑软件，更能够理解项目的最终目标，用熟练的技法在视频中呈现需要的效果。

在一般商业机构的短视频中，无论是表现商家的场地、设备、商品、生产流程、产品使用，还是现在流行的知识讲解类视频，对于剪辑的技术要求相对较低，创作团队通过学习软件的使用方法，可兼任剪辑岗位。

剪辑工具的选择

我首推的剪辑工具是抖音的"剪映"软件，它有两个突出的好处：

1）有手机APP版和电脑版。手机APP可以满足移动办公，随时快速出片；电脑版对电脑配置的要求比较低，很多功能和特效做了简化，一键可用。

2）虽然剪映推出了会员功能，但基本功能仍是免费的，而且大概率会长期免费，足以支持大多数的视频剪辑需求。剪映内有免费的字体库、图片库、音乐库、音效库和视频素材库，一方面减少了找素材修饰视频的时间，另一方面也避免了在网上随意下载素材可能带来的版权隐患。

此外，其他几个平台也有自己的剪辑工具，比如快手有快剪、B站有必剪，它们也都有比较成熟且全面的功能。

这些工具在短视频领域，替代了影视领域使用的专业剪辑软件。它们减少复杂难用的功能，集成新媒体常用的诸多素材，更方便、更高效。企业在选择剪辑师时，不必迷信他是否会使用专业软件。今天，使用这种专门为短视频而生的剪辑APP软件，才是主流王道。

剪辑中的要素

短视频剪辑需要注意的要素有：布局、字幕、流畅度、封面、动画效果和音效。

1）布局。短视频APP都有用户界面（UI）占位，浮在视频画面上方。剪辑的时候需要注意，关键信息不要被遮挡（见图5-13）。

2）字幕。对于有语音内容的短视频，字幕是必须要加的。曾有一个调查，有20%的人看抖音是不开音量的。她可能是一位宝妈，宝宝在身边睡着了，自己安静地看一会儿；可能是上班的员工，偷懒摸鱼时偷偷看一下；也可能是在通勤的路上，环境太嘈杂，开了音量也听不清。

图5-13 字幕设计过低，发布后被APP的UI遮挡了

这些场景下如果没有字幕，等于白白丢失了这批用户。并且字幕还能让用户更准确轻松地接收到视频中的信息。

3）流畅度。要优先保证声音的流畅度。在剪辑过程中，剪辑师会把主播说错话、大喘气、咽口水的地方剪掉，只要动作幅度变化不大，用户很难察觉到画面的不连贯。如果主播的声音不连贯，磕磕巴巴，很容易让人心生厌烦，觉得说话之人缺乏自信，对内容不熟悉。所以在剪辑时，保证声音的流畅度非常重要。

也可以稍加一点背景音乐，起到遮盖声音单调或不连贯等瑕疵的作用。但要注意音乐的音量，不要盖过主播的语音。

4）封面。封面对于小红书、快手和B站都是关键的要素。好的封面会大大提升作品的流量。对于抖音这样的平台，封面的主要作用，是让用户在账号空间里迅速锁定自己喜欢的主题。

5）动画效果和音效。适当添加动画效果和音效，可以起到增强表达力的效果。

我们在一些综艺节目中，经常看到屏幕上蹦出动画、动态字，还有诸如雷声、打击声、笑声的音效。在短视频中，它们也可以起到提升作品表达力的效果。

但需注意的是，特效是加分项，不是必备项。好的剪辑师会根据内容适当添加，润色作品。过于频繁地添加特效，就如同加入了太多佐料的菜，反而会降低最终的用户评价。

授课现场的素材剪辑

这是需要特殊补充说明的一类剪辑，指的是利用已有的授课或演讲现场录像，对其进行二次剪辑，以产出短视频。视频主角一般是老师或专家，有一定量的视频内容积累。

这种剪辑有两个好处：一是能减少专门拍摄短视频的操作，节省了时间和成本；二是现场授课或演讲，特别是在大型会场，更有气场，更容易打动观众，吸引用户的注意力。

但这种模式也有明显不足。授课和演讲的内容，往往是基于30分钟甚至更长时间准备的，逻辑结构缜密。单独截出一小段内容用作短视频发布，很容易让用户看不明白。所以，在实际操作中，几小时的素材，最终能截出来做出合格短视频的并不多。

这类素材剪辑有一个小技巧，就是把视频中最吸引用户的一句话——往往是金句——放到视频开头，相当于做了视频的"虎头",起到吸引用户停留的效果。

7. 粉丝运营的工作

创作完成一条视频,相当于造出一辆车。但车跑得快不快、稳不稳,取决于驾驶员。粉丝运营人员,就是这位驾驶员。

粉丝运营人员首先要负责作品的发布,其次就是粉丝咨询的对接。

作品的发布

除按工作计划按时发布作品外,我们还需注意的是标题文案的编写。

发布的标题

标题有两个非常重要的作用:

第一,留住客户。当用户刷到这条视频时,眼睛余光能扫到这条标题。一条吸引人的标题,能配合视频的"虎头"语音文案,共同留住用户。

第二,方便用户搜索。越来越多的用户在短视频平台搜索答案,像如何做宫保鸡丁、如何和老板谈加薪、如何找工作写简历、清华大学附近哪家饭店好吃。如果视频内容是提供一个解决方案或问题的答案,建议在标题中写上对应的问题,方便用户精确检索到这个视频。这类用户需求非常精准，往往在变现上有更高的成交概率。

粉丝互动

粉丝互动主要发生在评论区和通过私信进行。

评论区

评论区的主要作用是引导互动和销售转化。

新人账号粉丝较少，发布视频后常没有人发评论。此时，第一时间用小号发一条评论，是非常有效的。

引导评论的方式有以下3种：

第一，用小号伪装用户去评论视频内容。比如，对于讲加薪的选题，我们可伪装用户评论一句"我上次用的话术和这个类似，亲测好用"或者"我明天去试试，成功了再回来点赞"，这都可以起到丰富评论区的效果。

第二，在竞品调研中，我们要收集热门视频的粉丝评论。此时挑选合适的热评用小号发到自己的视频评论区，大概率会引发观众的共鸣。

第三，通过挑战或提问的方式引出主号的回复，形成一种博主和粉丝互动的情形，激发其他粉丝的提问和围观。

比如，还是加薪的选题，我们可以用小号伪装成反驳的人，评论："教你赚钱的都是想赚你钱的，如果这个话术真的好用，发视频的人自己怎么不用？"

私信

私信一般是指粉丝留给博主的信息。

必须注意，短视频APP不是聊天工具，用户不会长期在线。博主收到私信，如果超过两个小时还没有回复，再想和粉丝建立连接的概率就很小了。这就需要负责粉丝运营的人时刻关注各账号收到的私信，尤其是晚上视频流量的高峰期。

推荐的做法是，当收到粉丝私信时，如果判断粉丝对产品或服务感兴趣，应尽量要到粉丝的电话或微信，以便日后和他主动保持联系。可借用以下话术：你好，我是本账号的小编，您的问题我已帮您记下了，并已经转给我们公司的负责老师，烦请告知您的联系方式，有了回复我将第一时间联系您，或者请我们公司的负责老师联系您。

粉丝运营是一个重要而琐碎的工作。

优秀的粉丝运营可推动视频获得更好的播放量数据，促使更多粉丝成为铁粉和付费客户。

但粉丝运营工作的高峰时段，通常是他人休息、休闲、娱乐的时段，尤其是晚上和周末，并且还要求做到及时响应。这不仅需要运营人员具有极强的责任心，更需要企业制定相应的管理和激励制度。

粉丝运营看似门槛低，但想要做好，难度却很高，是一个值得重视，也必须重视的岗位。

要点回顾

1. 公司传统部门的团队更像常规军队，步兵就是步兵，炮兵就是炮兵；而短视频流量团队更像是影视剧中深入敌后的特种兵小队。

2. 项目负责人要懂业务，善管理。懂业务是核心，越是专业性强的部门，外行越难以领导内行；善管理，才能得到他人真正的支持。

3. 项目负责人这个岗位是大多数企业在进军短视频流量领域的"虎牢关"。

4. 为账号找好定位，是成功获取流量的第一步，也是关键的一步。

5. 个人IP的四点定位法：

受众群体：多还是少？

竞争环境：激烈程度是强还是弱？

自身优势：是否优势显著？

盈利前景：盈利的难度是高还是低？盈利的规模是大还是小？

6. 好名字的标准：

1）能让观众秒懂账号的价值。

2）易传播、易搜索（输入）。

7. 账号既是数字资产，也是企业实实在在的资产。

8. 账号签名档要用短句。名词和数字往往是关键信息。

9. 高变现力的账号，置顶视频遵守三个"一"原则：一起听老板讲创业故事；一起参观企业的荣誉墙；一起试用企业的产品。让客户分别从感性上对我们建立好感，从理性上对我们建立信任，从体验上了解我们产品的特色。

10. 付费助推的四大作用：

1）起号阶段加速探测人群。

2）A/B测试，发掘爆款要素。

3）爆款视频助推。

4）在投入产出比合算的情况下加大产出。

11. 编导是除项目负责人之外最重要的角色，是"内容之父"。

12. 筛选好内容+精准匹配用户人群，就是短视频平台推荐的底层逻辑。

13. 熟知爆款和暴毙的规则和尺度，是一个合格编导必须掌握的技能。

14. 批量获得高质量爆款选题的方法有5个：热门工具法、竞对选题法、客户问题法、粉丝热评法和爆款内容重置法。

15. 一篇好文章有3个特征，今天在短视频文案中依然适用，那就是"虎头、猪肚、豹尾"。

16. 虎头，就是要开篇留人，可以用爆炸新闻型、违反常识型、趋利避害型3个方法提升前5秒的完播率。

17. 猪肚，就是内容要有高黏性。理性上我们可以给工具，感性上我们可以讲故事。

18. 商业机构的主播，不同于演艺公司的演员，切忌刻意去"演"。本色是非专业演员最好的演技。

19. 警惕"差生文具多"。企业做短视频刚上路阶段，心态上容易犯的错误：在需要消耗大量时间和精力的准备工作上，如竞品账号调研、选题搜集等下的功夫不足，反而寄希望于硬件设备的投入，希望高端设备能让自己一步登天。

20. 一个影片有三个生父：第一个生父是编剧，他把灵感变成剧本；第二个生父是导演，他把剧本拍摄出来，变成视频素材；第三个生父是剪辑师，他将拍摄的素材变成最终呈现给观众的影片。

21. 创作完成一条视频，相当于造出一辆车，但驾驶员决定了这辆车跑得快不快、稳不稳。粉丝运营人员，就是这位驾驶员。

第六章　直播篇

飞轮的第二步是将"泛粉"提纯,获取"精粉"。

方法也很直接,付费验需求。

粉丝愿意付费,才是真需求;能获得粉丝的付费,是企业存续与发展的关键。

相比于短视频,更有效的手段就是直播。

2019年,直播带货还被嘲笑是"卖便宜货""甩库存"的旁门左道。短短3年之后,直播已被认为是商业破局的一剂猛药,成为线上销售的主流方式之一。不仅一线品牌纷纷开启官方直播间,很多商业大佬和明星也先后加入直播行列。

直播获得爆发式商业成功,源自两个优势:一是不受时间和地域限制,同时触达众多粉丝,筛选出更精准的客户群体;二是近似线下见面会的体验,能进一步拉进与粉丝的联系，建立信任感。

但作为一个新生事物，很多人想做直播但却无从下手。我的建议是，先看懂直播的本质。

1. 直播相当于开一家超级门店

前文曾说，短视频平台很像一家集娱乐与购物于一体的超级广场，如迪士尼乐园。每天有数亿人聚集在平台上，主要是为了休闲娱乐，但也会有顺便购物的需求。

在这个广场上，商业变现有两种主要模式：短视频和直播。

短视频像是广告牌。如果内容足够精彩，可以24小时不间断地获取流量曝光。

直播则更像是在广场上开了一家超级门店。

门店，比起广告牌或自动售货机，因为有了导购（也就是带货主播）的存在，成交能力也就更强。

做好直播主要是做好两件事：首先，保证有顾客上门，越多越好；其次，将走进门的客户留下，并促进成交。

线下门店是如何吸引更多人光顾的呢？

1）派员工外出发广告。

2）租用商场黄金位置的广告牌。

3）得到商场的支持，推荐更多客户。

4）以前的老客户找上门来。

以上4种吸引顾客的方式，可对应直播间的4个流量来源：

1）自己创作内容吸引免费流量，如做短视频。

2）给平台付费采买流量，即付费助推。

3）因为直播间成交数据好，获得平台给直播间的免费推荐流量。

4）私域流量，铁杆粉丝和以前的付费客户。

下一步，为了留住顾客和促进成交，线下门店在店铺装修、货品选择、导购培训和门店团队配合等方面要下足功夫；在直播中，则通过直播间的布景设计、产品设计、主播训练、直播团队配合来提升变现效果。

所以，商业的本质并没有变，变的只是展现形式和实现工具。

2. 带货模式：你是一家什么店

直播带货最需注意的两个类别是"达人直播"和"商家自播"。二者的核心区别是"货是不是自己的"。

达人直播，卖的是别人的货。他们既有明星，也有企业家。我们熟悉的罗永浩的"交个朋友"直播间和新东方的"东方甄选"，本质都属于达人直播。

商家自播，卖的是自己的货。比如，瑞幸咖啡、桃李面包这类直播间，都属于商家自播。

围绕"货是不是自己的"这个核心问题,形成了两种完全不同的带货模式(见图6-1)。

	达人直播	商家自播
产品种类	代售,选择众多	自家产品,选择少
类比现实	百货店、综合商超	品牌专卖店、前店后厂
直播模式	使用多种商品组合和营销噱头,吸引观众每天围观	循环讲解自家产品卖点,既抓新客,又抓老客复购
举例	交个朋友、东方甄选	瑞幸咖啡、桃李面包

图6-1 达人直播和商家自播的对比图

达人直播的本质类似百货店、综合商超。商品是多样的,可随市场供需和主播喜好选择,直播内容也随商品的变化显得更加丰富。"东方甄选""交个朋友"虽然看起来是公司,但属于达人直播。

商家自播的本质类似该品牌的专卖店。商品仅限于自家产品,直播内容往往只能围绕有限的商品进行,内容变化相对较少。很多知识类博主、老师虽然看起来是一个个人直播,但属于商家自播。

达人直播

达人直播成败的关键在于选品。

在达人直播中,一场直播所需的商品,分为引流品、爆品、利润品三类。

选品就是要分别选出满足这三类特征的产品。

引流品:亏钱聚人气

引流品的作用是吸引用户停留在直播间,定价原则一般是微亏。通常选择适应人群广泛、知名度大、消费者比较清楚同类市场价格水平的产品,一听就知道有便宜可占。但因为引流品的定价会导致亏损,所以一般会限量销售。比如,在直播间看到的9.9元6瓶可乐,1元抽纸。

爆品:走量搏推荐

爆品同样适应广泛人群,但消费者对其价格没那么敏感。这种商品的作用是在瞬间成交大量订单,让平台侦测到"这个直播间能卖货",从而获得系统推荐的更多免费流量。爆品定价允许存有一定利润,但不高,让消费者仍觉得很划算。因为追求销量,又要求利润,所以爆品一般不限量,除非售罄。

仅从价格感知,很难将爆品和引流品区别开,诀窍是看是否限量。如果主播在商品卖光时问助理"问问品牌商能不能加库存",一般都是有利润的爆品。

利润品:提高利润率

利润品的品质较高,目标是有较高消费能力的用户。这种商品的作用是为直播间创造更高的利润,因此定价留有一定利润空间,对订单数量要求不高,比如家用按摩椅、健身器、大牌化妆品、白酒礼盒等高客单价商品。

达人直播带货的诀窍,就在以上三种品类的组合排序上。

在直播间人气较低的时候,销售引流品,用"有便宜可占"来聚集人气,让用户舍不得离开直播间;用爆品让直播间的订单量和销售额同步提升,从而满足平台推荐算法的考核,获得更多的流量推荐;在直播间人气较高的时候销售利润品,可以创造最大收益。

销售价格较高的利润品会占用主播更长的讲解时间,同时高价也会劝退一部分贪便宜而来的"羊毛党",因此会出现直播间在线人数下降的现象。此时再安排一个引流品上架,亏本聚人气,将直播间人气拉回来。依次循环(见图6-2)。

	引流品	爆品	利润品
产品	9.9元6瓶的可乐	比市价略低的手机	上万元的按摩椅
特征	适应人群广 一眼可见有便宜可占	适应人群广 感觉便宜	适应人群窄 偏中高端
人数变化	在线人数会升高	在线人数可能会降低	在线人数会降低
备货数量	限量	备货量充足	通常卖不了很多

图6-2 达人直播带货选品对比图

今天我们看到的一些人气超高的直播间，往往是达人直播。

商家自播

商家自播，无法采用和达人直播同样的带货策略。因为商家自己的商品有两个特征：

1）产品种类有限，不可能天天有新品来吸引用户围观。

2）不同货品之间很可能是互斥关系，如买了标配吸尘器的客户不太可能再买一个低配/顶配吸尘器。

所以，首先要搞清自己的分类。因为羡慕别人直播间的高人气，而去学习达人直播，是商家初学直播时最常见的错误。

商家自播若想成功，可以采用爆品循环的模式。

首先在商品中找出最好卖的一款，或者打造一个看起来适应面广且具备超高性价比的组合。例如，吸尘器厂家可以选择一款中间价位的标配型号作为销售核心。而像瑞幸咖啡这种企业，有黑糖、拿铁、美式3种口味，并且品类之间是可以兼容的，因为很多消费者希望一次下单品尝多种口味，则可以选择打造3种口味组合装作为销售核心。

以单个爆品循环为核心的直播，本质上像一个10~15分钟循环一次的留声机。例如，先讲爆品的A卖点3~5分钟，然后花2分钟推销该爆品；紧接着讲爆品的B卖点3~5分钟，然后再花2分钟推销该爆品；之后再次回到讲爆品的A卖点，然后推销；依次循环（见图6-3）。

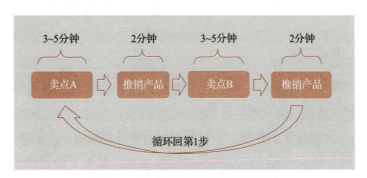

图6-3　换卖点的单个爆品循环模式

也有商家选择做两个爆品。例如，一个卖玩具的厂家，其遥控车和遥控飞机都是爆款，该厂家就可以将循环变成：先讲爆品A的卖点3~5分钟，花2分钟推销爆品A；然后讲爆品B的卖点3~5分钟，花2分钟推销爆品B；然后再回到爆品A；依次循环（见图6-4）。

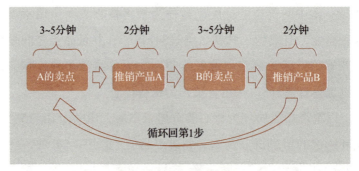

图6-4　双爆品循环模式

对于很多销售网课的老师,更适合采用商家自播模式中的双卖点循环模式。以我一位好友的"打造销售冠军课"为例,先提炼两个问题作为卖点:

卖点1:你是否遇到过一上来就只问价格,不想听你介绍卖点的客户?你怎么成交这种客户?

卖点2:你是否遇到过加了微信,但是你每次发信息他都不回复,但是也不删掉你的客户?你怎么成交这种客户?

以上两个问题,最终都会引出他的销售网课,所以他的双循环模式如图6-5所示。

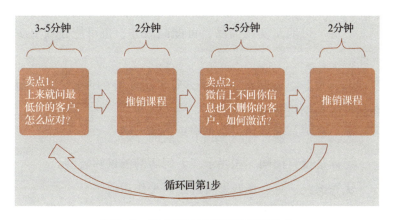

图6-5 两个引导问题的双循环模式

如果您也从事销售工作,听到这两个问题中的任何一个,是不是也很想知道答案?

这就是爆品循环模式的成功之处。

爆品循环模式解决了两个问题:

第一，当商家产品种类非常有限的时候，不可能每天都有新说辞来解说商品，那就精心选择出一款最容易成交的爆款商品，打造出两套最具成交力的说辞，循环使用。

第二，两套说辞循环使用，避免了客户在短时间内觉得这个直播间总是在讲同一套话的不适感。

商家自播的直播间，人数通常不太高，但运营得当的话仍能有不俗的成交业绩。

直播的人、货、场匹配

人、货、场的匹配核心是货。

"货"可能是实物商品，可能是服务，也可能是线上/线下课程。

人、货、场的匹配，是以"货"为核心的匹配。因为最终的目标是销售货品。

人，是指主播，相当于线下门店的导购。

场，是指直播间，相当于线下门店的场景和装修。

优秀的人、货、场匹配可起到两个作用：

第一，用户点进直播间，瞬间有眼前一亮的感觉，选择留下来。

第二，用户观看直播的时候感觉气氛不别扭，能舒服地一直看下去。

"匹配"的关键是"气氛"。比如，很多带货网红在海南的沙滩上卖椰子、在渔船上卖海鲜，这是在用和货品相关的场景营造气氛，促进观众下单。再比如，卖名表、金饰等奢侈品的直播间，可以选在实体门店开播，让消费者知道这是有实体门店支撑的商家，由此对货品的真实性更放心，而且还能在直播间享受优惠价。

如果是制造业厂家，看上去质朴的生产车间、有序的包装车间，其实远比精装修的直播间效果更好。在主播身后若能看到工人正在生产或打包装箱的场景，更能让用户确信你是源头厂家，更相信没有中间商赚差价，并且售后有保障，促使用户停留并下单。

如果是老师，像书房、教室这样的场景，都可以瞬间让用户识别出老师的身份。相对素雅安静的氛围，让喜欢学习的用户愿意停下脚步，听听你讲的内容。

有关人的匹配，可参考前文短视频流量章节中关于账号定位的内容。卖农产品的主播就是要有农民本色，卖课程的主播则要有老师的气场，卖减肥产品的主播不能体型过胖，若产品主要面对中老年市场则最好匹配中老年主播。主播的形象、身份与所销售产品相匹配，比主播的颜值和口才更重要。

3. 直播间流量

直播间里的人从哪里来？

有4条通路能解决直播间没人的问题：短视频流量，直播推荐流量，付费流量，私域流量。

打通以上任意一条通路，直播都能收获很好的效果。

短视频流量

直播就像开门店，短视频就像发广告。

在现实中，酒香也怕巷子深。精心制作的短视频能够持续带来流量曝光，并能和直播一起联动发挥作用。我们在"三粉飞轮"一章中阐述了短视频、直播和私域之间的配合机制。除此之外，很多网红博主直播前会发送直播预告短视频；直播时每隔一段时间，会播放预先准备的直播商品短视频，或者直播花絮短视频。这都是为了增加曝光，为直播间带流量。

做直播变现，短视频是必要的流量来源。

直播推荐流量

直播推荐流量是很多带货直播间的主要流量来源。

系统会推荐什么样的直播间？当然是平台认为内容优秀，或者对平台有利的直播间。内容是否优秀，取决于直播间的用户反馈，如停留时长、互动频率等；对平台有利，则意味着更多成交，能给平台带来更多收益。

关键的直播数据

以下几个直播数据是平台关注的重点：

1）直播间进入率。进入率是直播带货的第一道关卡。如何在人们刷到直播间的瞬间，吸引他们进入观看？画面的质感和直播形式是关键，包括直播间的装修、主播的状态、灯光、声音的清晰度等，这相当于线下门店的装修和员工的精神风貌。

2）用户停留时长。用户停留时长类似于短视频播放时长，也相当于客户在实体店中停留的时间。用户停留时长的意义在于：首先，和用户沟通的时间越长，销售成功的概率就越大，一定的停留时长是成交环节的必要基础，其次，能把观众留下来，说明直播间有足够精彩的内容、丰富的货品、清晰的表达和多彩的展示等诸多优势。这种良好的观众体验，是平台系统考核的要素。

3）商品曝光率和商品点击率。用户虽在直播间停留了一些时长，但没有点击商品页面，后续的下单也就无从谈起。作为以带货为目标的直播间，用户打开商品页面的频率，直接代表了直播内容是否和商品销售密切相关，主播的解说能否引发用户了解商品详情的愿望。这显然也是优质直播间的必备素质。

4）商品下单率。商品下单率可显示出有多少用户最终完成了下单动作。只有实现成交，商家和平台才都能赚到钱，下单是大家最愿意看到的结果。

以上各种数据，没有固定的分数指标，而是平台根据直播间售卖的商品品类进行同赛道竞争。一个卖水果的直播间和一个卖黄金饰品的直播间，是没有可比性的。前者适应的人群更广，订单数量更高；后者虽然人群基数小，但客单价高很多。所以，水果有水果的榜单，奢侈品有奢侈品的榜单。同品类同赛道，相对得分更优秀的直播间，才会得到更多的系统免费直播流量。

付费流量

付费流量也称"投流"。在直播早期，如果免费流量不能满足需要，就可通过付费解决。但在直播模式成熟、业绩稳定之后，付费流量也可以作为放大收益的手段使用。

广告投流经常使用的一个指标叫广告投资回报率（ROI），用来衡量广告投放的效果。

$$ROI=通过广告获取的销售额/广告成本$$

例如，经核算，每投入1元广告费，能增加销售额10元。假设利润率是10%，那么广告获取的利润额是1元。

$$ROI=（通过广告获取的销售额）10元÷1元=10$$

ROI=10就是临界点。此时，投放广告的结果是仅增加了销售额，没有增加利润，不赚不赔。

想赚钱，必须争取ROI >10。想实现利润增长，需要不断提高ROI的值。假设利润率不变，ROI从10提升到12，可能有两个原因：第一，广告费用不变，但获得了更多订单，也就是销售额增长了；第二，销售额不变，但消耗的广告费用变少了。

这就是在稳定业务期，用ROI指导付费投放策略，用付费流量放大收益的底层逻辑。

当然，现实并不会如上述算式一样理想，实战中的投放回报是动态的，用户在线情况、竞争对手情况、我方主播状态等诸多因素都会影响真正的投放效果。而且，订单的增加可能给企业的生产、交付、库存、物流、退货率等带来一系列的影响，这些都会导致企业真实利润率的波动。

此外，根据行业的不同、产品的不同，ROI会有更复杂的测算。比如，在女装行业，电商的退货率是很高的，甚至达到50%或更高。退货产生的成本，如物流、货损、人工，都要计算入内。这类行业就不能仅考虑投放当日带来多少新增销售，还需要把日后的亏损也计算在内，这样才能测算出真实的ROI。

而有些行业有着丰厚的后端利润空间，如保健品、咖啡等产品。一个新客户一次成交后，后续很可能会带来多次销售。这些行业的投放ROI，因为有丰厚的后续收益做支撑，可以做得很低。

所以，比较依赖付费流量的直播间，除了需要掌握企业真实财务状况的财会合算成本来设定安全的ROI指标，还会专门设置"投手"岗位来根据实际情况及时调整投放策略。

私域流量

和公域相比，私域流量相对稳定、可控。现在最常用的私域工具依旧是微信。

私域粉丝对于直播，可以起到公域"泛粉"无法比拟的作用：

首先，私域粉丝与我们更熟悉，在直播间停留时间更长，能带来更稳定的直播间在线人数，起到"暖场"的作用。

其次，私域粉丝对我们更信任，更容易买单，让直播间销售破零。

最后，私域粉丝更活跃，更容易和主播的提问互动，营造良好的直播氛围。

当然，私域更大的作用是维系我们和客户长久的连接以达成长期复购，或者便于我们销售更高客单价的商品和服务。

相关内容在后面的私域章节会有更多讲解。

4. 直播带货的团队配置

很多人只看重出现在镜头前的主播。其实直播带货团队的人员与分工，远不是主播加助播这样简单。

一个成熟的直播间背后，可能是十几人甚至几十人的团队。下文我们就来梳理一下直播团队涉及的岗位。

直播项目负责人（或直播运营）

直播运营是直播间的大脑，相当于线下门店的店长，重要性不言而喻。

直播运营需具备的知识结构有：深谙流量的来源渠道，制定流量获取的策略；了解直播间各岗位的工作职责，能够管理和激励团队，尤其是做好和主播的沟通。

直播主播和助播

直播主播是直播间的核心，是主要负责讲解产品和内容的人。

在带货直播间，主播是主力销售，相当于线下门店的金牌导购。主播需要提前对产品有深度了解，根据产品卖点，设计相应的话术和展示方案。对于客户可能提出的问题和异议，主播也要提前准备好应对话术。主播是一个高强度的工作，需要有良好的体能和稳定的心理承受能力。

直播助播是出现在镜头前的主播身旁的助手。

如果只有主播一人，不但体力消耗会非常快，而且直播气氛单调，也难以顾及屏幕上观众提出的问题。主播和助播相互配合，以问答互动的方式开展直播，既能节省主播的体力，方便其调整节奏，也使直播间的气氛更加活跃。

助播也需紧盯评论区粉丝提出的问题，将能够推进成交的问题筛选出来，比如"这条裤子120斤穿多大码""发什么快递""是什么材料做的"。此类问题可以由助播适时回答，也可以提醒主播回答。

有的主播可能是大咖老师，只负责讲解知识；助播则是销售担当，负责和粉丝互动，推销课程或产品。

对于一些小型直播团队，助播可以和下文提到的中控、场控合并，由一人担任。

直播中控

中控是操作直播设备和软件的人员。

高品质的直播已不用手机,更多是采用"电脑+摄像头"组合的方式进行推流直播。中控同时也负责商品的上下架、改价格、发优惠券、发福袋、直播间评论置顶和直播间黑粉禁言等操作。

我们在直播间会听到"一二三,上架!""给大家发个福袋"等命令。发号施令的是主播,但完成操作的是中控。

直播场控

场控是营造直播间气氛的人。

我们经常听到在镜头外,有人通过吆喝或者对话的方式与主播互动,这个角色就是直播场控。在某种意义上,场控是不露面只出声的"助播"。场控和主播的互动,起到了上文中助播的作用。

场控的存在,主要是为了让整个直播间的气氛活跃起来,营造出一种类似在线下集市围观抢购的感觉,调动起用户购买的兴趣。

好的场控,可以大大提高直播成交率。

网店客服

人们在天猫或京东等电商平台购物时,会遇到一些具体问题,如衣服的尺寸、食品的配料表、产品适用的年龄、发什么快递等,在下单前通常会询问一下客服。在直播带货中，类似这种客服岗位也有必要存在。尤其是售卖多种商品的直播，主播不可能反复讲解同一款商品，具体问题就由客服与观众沟通。

商品种类较少的直播，观众的问题可能也比较少，网店客服可由中控兼任。

直播投手

负责付费投放策略的调整和执行的人叫投手。

有人认为：当我发现了一个好的投放计划，测出赚钱的ROI，就可以持续加大投放，投的越多则赚的越多。

这种想法是错误的。因为在短视频和直播平台的广告投放，投放回报是实时变动的，影响它的因素很多。例如，投放的时间。如果当时竞品直播间都在开播，并且也在投放，而且有很大的折扣力度，那么你的投放必然需要更高的费用才能抢到客户，ROI降低了。此时，你需要考虑调整投放计划，或者错开竞争高峰时段。又或者你销售的这个商品已经推出很久了，市场上有跟款，消费者对这个商品的热衷度也在下降，此时ROI也会降低。各种外部和内部原因，都会导致ROI波动。甚至一场直播之中，前一个小时的ROI和后一个小时的ROI都会有所不同。所以，这时候就需要专门的人，也就是投手，根据情况实时调整投放计划。

情况好，判断能盈利，短时间内可加大投放力度；情况不好，则调整计划。

在小型直播团队中，直播运营可兼任投手。

对于小型初创直播团队,如同我们上一章讲的短视频流量团队一样,可以用身兼数职的方法减少人员配置,但涉及的工作步骤一个都不能少。

5. 短视频、直播与私域

直播带货最大的阻碍就是对人的能力要求高。找到能够胜任主播的人,已经不易;更何况一个成功的主播背后,还需要有一个配合默契的团队。

聪明的创业者发掘了一个变通的解决方案,那就是用直播打通私域。

带货是主播在直播间用短短几分钟到十几分钟时间,打动用户、说服用户下单的过程。这往往适用于简单易懂的商品,比如吃、穿、用。这些商品很容易让用户理解,剩下的就只是卖点和价格是否有优势。

但是有些产品和服务,是难以在短时间内成交的,必须和用户做好充分的沟通,甚至为用户量身定制、一对一开发。例如,针对一个企业的咨询方案、针对一个学生的留学规划等。所以,这种商家会采用直播活动来获取流量与曝光,而将直播间的意向用户转移到私域——也就是我们常用的微信等工具上,再通过事后的跟单成交。

这种方法打通了我们所谓的公域获客和私域变现。

关于私域如何去运作,我们将在下一章分解。

 要点回顾

1. 短视频像是广告牌，而直播更像是在广场上开了一家超级门店。

2. "达人直播"和"商家自播"：是因货品身份不同导致的直播策略不同，进而形成的两种完全不同的带货模式。

3. 达人直播把商品分为引流品、爆品、利润品三类。

引流品：亏钱聚人气。

爆品：走量搏推荐。

利润品：提高利润率。

4. 盲目去学习达人直播，是商家初学直播时最常见的错误。

5. 商家自播一般采用爆品循环模式。

6. 人、货、场的匹配核心是货。"匹配"的关键是"气氛"。

7. 解决直播间流量的4条通路是：短视频流量，直播推荐流量，付费流量，私域流量。

8. 平台重点关注的直播数据是：直播间进入率、用户停留时长、商品曝光率、商品点击率、商品下单率。

9. 付费流量：在业务稳定期，用ROI指导投放策略，用付费流量放大收益。

10. 直播项目负责人（或直播运营）必须深谙流量的来源渠道，制定流量获取的策略；了解直播间各岗位的工作职责，能够管理和激励团队，尤其是做好和主播的沟通。

第七章　私域篇

"三粉飞轮"的第三步是私域。

管理学大师彼得·德鲁克讲过,企业的存在,不仅是创造价值,更要保留客户。

什么叫"保留客户"?

管理咨询界有一个更通俗而扎心的问题:你和客户的关系,是一生一世,还是一生一次?

"一生一世",是说在与客户成交一次之后,企业还有机会持续和他发生交易;"一生一次"则正相反,一次相逢之后就是诀别,企业不停地寻找新客户,也不断地失去老客户。

当下,保留客户的最优解就是私域。

我们把能被长期重复接触,并高度认可我们价值的粉丝,叫作铁粉。

本书的"三粉飞轮"一章已经阐释了通过微信粉丝群维系铁粉关系的理念，本章将详细介绍私域运营的更多方法。

1. 私域的三重作用

私域至少有三重作用：降低成交难度，提高成交概率；提升竞争力；成为翻身本钱，度过危机。

降低成交难度，提高成交概率

仍将私域仅当成是老客户管理工具，就狭隘了。私域首先应该是，也必须是粉丝（或者叫潜在客户）的管理工具。

通过短视频和直播，我们更容易接触到海量的潜在客户，但竞争也更加激烈。即使很多商家将货品定价极低，也很难在极快的直播节奏中取得理想的销售业绩。尤其是一些客单价较高的产品，在短视频和直播中成交难度高，对于这类产品，我们建议可以先不做强势推销，而是通过引导粉丝进入粉丝群，或添加客服微信领取资料的方式，变公域粉丝为私域粉丝。通过日常接触，加深粉丝对我们的认可，然后再创造多种成交契机。

在公域中，用户接收的信息多、干扰也多。而在私域，更像是把客户请进我们的会客厅，可以安心、持续地进行深度沟通。

运营私域，就可以比同行获得更多的潜在客户；掌握在私域中输出内容、强化沟通的方法,可以大幅提升粉丝成为客户的概率。

提升竞争力

上一章我们讲付费投放,提到广告投资回报率(ROI)。一个擅长运营私域的商家再结合付费投放,可以收获惊人的回报效果。比如,ROI为8,意思是花100元的广告费,卖800元的商品。但现实中有很多商家能将ROI做到1.2,花100元广告费,只卖120元的货,是因为产品利润率极高吗?

不是,而是因为这些企业很擅长运营私域,并且商品有很高的复购率。比如,白酒、保健品、咖啡等在客户首次购买后,企业可通过赠礼的方式添加私域,再用微信与其保持长期连接。

第一次成交,花100元广告费,卖120元的货,肯定是亏的,但客户后续的多次消费几乎不用再支付任何营销费用,只需少量的私域维护费用即可。

所以,具备强大私域运营能力的公司,敢于用同行看来近乎疯狂的激进投放来抢夺客户。假如你还不会运营私域,那和这样的竞争对手共处同一赛道,是不是一件很可怕的事情?

运营私域,就是要放大后端收益,然后在前端营销给对手以更猛烈的打击。后端的私域,可以转变为前端的竞争力。

成为翻身本钱,度过危机

2019年,我和北京一家知名月嫂学校合作建立了一个母婴知识类账号。

校长本希望账号能多多带来学习月嫂技能的学员，但短视频却吸引了很多宝妈粉丝，仅3个月时间就有超过10000名宝妈添加微信进群。

2020年春节，新冠疫情突然发生了。月嫂学校线下教学开不了班，万般无奈之时，突然发现微信群的宝妈们抱怨，因为疫情雇不到人帮忙照顾孩子，只能自己学习育婴知识。校长受到启发，把原本为月嫂录制的网课，重新剪辑包装，开直播，销售给宝妈群体，缓解了企业危机。

由于网课不需要支付高昂的线下培训师课酬，也没有场地成本，利润率反而超过了之前线下月嫂培训课程。此后，很多宝妈因为习惯了学校的私域服务，又通过私域找学校介绍育儿嫂，这又为学校解决了毕业生的就业问题，职业中介费顺理成章成为公司新的收入源。

运营私域，不仅可以提高每位客户的长期价值，还可能成为公司业务转型或开拓新业务的铺垫。

2. 私域的主战场

私域的主战场，除了我们都熟悉的个人微信，还有微信公众号和企业微信。

微信公众号

微信公众号，曾被很多商家当作私域主战场。不过随着公众号文章的打开率越来越低，公众号在私域工具中的重要性已经越来越弱了。

但公众号仍有其不可忽视的作用：

第一，公众号的二维码不限添加人数，并且永久有效，所以适合应用在二维码需要被长期使用并无法被替换的场景中。例如，在市面上大多数的在售图书中，作者都会留下公众号二维码作为和读者沟通的桥梁。如果留微信群或微信二维码，一旦超出添加人数限制，就会失效。公众号则没有这个问题。

第二，公众号的管理成本极低。客户添加个人微信后，需要有客服人员的后续支持。粉丝关注公众号后，系统可以设置关键词，形成自动营销闭环。

例如，我在自己的公众号中就设置了"资料""文案""课程""服务""建议"等关键词，客户在对话框输入以上词语，系统就会自动回复相应的内容。有的关键词是粉丝常见的问题，有些是客户需要的资料。我认为，这不仅仅是一个公众号，而且还是一个7×24小时工作且不用发薪水的全自动客服。最关键的是，这些功能都是公众号自带的，只需要如图7-1所示做好设置即可，不需要额外花1分钱。

但公众号的致命问题，在于推送文章的打开率太低，甚至小于5%。这注定了公众号只适合作为"通往私域的中转站"，而终点还是个人微信或企业微信。

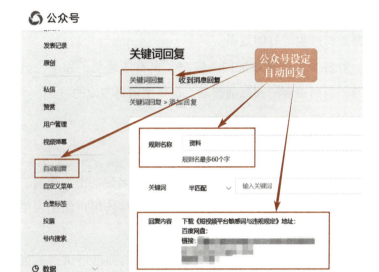

图7-1 公众号后台自动回复设置示意图

企业微信

企业微信的好处有两个：首先是与个人微信相比，好友人数无上限；其次是当员工离职的时候，员工的企业微信好友可以无缝交接给其他员工，不会造成客户流失。

企业微信也有两个不足：一是总会提醒客户，对面是一个工作人员，和你的交流是他的工作，缺乏一种亲切感；二是虽然也能发朋友圈，但每天只能发3条，而且右上角有明显的关闭按钮，营销能力比个人微信差很多。

为了应对以上不足，有些企业会让多名员工重复添加同一位客户——可能其中就有一名员工和这个客户聊得来；还会要求多名员工发不同角度、不同风格的内容到朋友圈，说不定哪条就产生了好的效果。

多名员工重复添加同一客户，也有效避免了因某位员工沟通不当而被客户删除的弊端，是一个值得考虑的方法。

个人微信：目前综合效果最佳

目前综合效果最佳的还是个人微信。

个人微信，尤其是用真人头像+真人名称的个人微信，会让客户感觉有温度，交流更自然，是最贴近用户使用习惯的方式。

个人微信沟通的主要模式，除了在前面已经讲过的微信群，还有一对一沟通和朋友圈沟通。

一对一沟通最好的时机是在刚加到粉丝微信，或者申请好友刚通过的时候。此时，我们可以顺理成章地对粉丝的背景进行调研，方便对粉丝的基本情况和需求做摸底信息统计。调研的内容包括粉丝的所在地域、职业、年龄、存在的问题、家庭成员情况（如果是母婴、亲子、教育等类目，这条极其重要）等，并添加到客户档案进行管理（见图7–2）。

	客户称呼	获客时间	销售推进	签约时间预判	线上对接人	销售协助人	客户所在省份	客户来源	客户首访目的	客户身份
1	范例：王大花	2023/01/30	2.线上沟通	1.近期，1-3个月	赵扬		河北石家庄	1.抖音	1.主动咨询	2.学生母亲
2	尼古拉斯	2023/01/30	2.线上沟通	1.近期，1-3个月	赵扬		北京	2.小红书	2.索取资料	2.学生母亲
3	刘老根	2023/01/31	3.线下见面/访校	2.中期，6-12个月			山东潍坊	3.快手	3.无明确目的添加	3.学生父亲
4	奥特曼满		4.促单中	3.长期，1年以上			山东临沂	4.B站		4.学生祖父母
5	熊二		5.收款/催尾款				北京	5.视频号		5.学生哥哥姐姐
6	客户6		6.成交							6.学生老师
7	客户7									7.其他人·详情补充说明
8	客户8									
9	王大花		1.建联未详聊	0.沟通中		赵扬	北京	1.抖音	1.主动咨询	1.学生本人
10										

图7–2　某留学机构私域客户统计信息表（局部）

建立客户档案，可有效帮助销售人员甄别普通围观粉丝和近期有购买意向的粉丝，对潜在客户进行有针对性地销售。对于高客单价产品，或需要高复购率的商品服务，销售人员如能适时跟进，可以提升数倍甚至数十倍业绩，放大粉丝价值。

一对一沟通的最大问题是人力成本高。只有高客单价产品，或者是长期复购产品，才有足够的利润来支撑这种私域运营模式。

当然还有一种特殊情况，是出于调研的目的而非追求盈利。初创企业在早期测试新产品时，需要真实的用户反馈；或做用户需求调查，也会采用这种沟通模式。

1）朋友圈沟通。据微信官方数据统计，微信注册用户已经超过9亿，每天打开朋友圈的人数仍有7.6亿之多。朋友圈当之无愧就变成了个人微信一对多沟通的绝佳场所。

在微信朋友圈发送内容，我有一个口诀叫"有利，有识，有趣，有义"。

有利是指对别人有利。

我有一个习惯，看到一些好内容后会瞬间想到，这个话题和内容可能对我的某些朋友有用。这里的好内容，有时是微信文章，有时是我看书、听课的感悟。这时我就会发朋友圈，或附上链接，或附上照片，并且输入一段内容提要，让看到朋友圈的人立刻能知道文章或者图片的价值。

将这种动作持续操作，养成习惯，好友会觉得你的分享很有价值，是一个对他们有帮助的人。

有识是指适当表达自己的观点。

国人有个好传统，就是谦逊，但过度谦逊在商业上是个坏习惯。大家无从得知你的优秀，又怎么知道何时何事应找你合作呢？

对于一些事件，比如商业新闻或国际局势，我会经常发表我的态度和观点，写个30~50字的小作文，发朋友圈。我的思路是什么？我又如何去判断这件事的走向？观点正确与否都无所谓，关键是展示背后的思维能力。

长期坚持如此的结果，是很多朋友圈中比我资历浅的后辈，认可我的思维见识，未来可能成为我课程的学员或潜在的员工；而朋友圈中比我资历深的前辈，会看到我逐渐成长，未来说不定会给我一个发展的机会。

有趣是指适时发点让人轻松的内容。

越是一线、二线城市，压力越大。我每天刷到一些轻松的内容，可能是搞笑的视频，可能是网上的段子，也会直接转到朋友圈。

不要一直在朋友圈中树立一个板着脸，恨不能给所有人做老师的形象，让大家能通过你的分享轻松一下，乐一乐，也是对别人有价值的事情。

谁会拒绝一个能让自己放松愉悦的人呢？

有义是指不要吝惜给别人掌声。

我们经常会在朋友圈看到一些朋友获得了事业的成功，

这时候点个赞，一般大家都会做，但能把别人的成功转发出去，告诉更多的人，我观察到的这样的人其实并不多。

所以，我有时看到朋友成功，也会转发到自己的朋友圈。

一方面，这是对我这位朋友的高度认可，可以增进我们的友谊；另一方面，这也是自己人脉圈高质量的体现。

"有利，有识，有趣，有义"，这样发朋友圈，根本不会觉得没内容可发。

经常出现在你朋友的眼前，做一个对别人有帮助的人、有自主思维能力的人、有趣的人、友善的人，朋友圈就是你最大的宝藏。

当然，如果是一个企业的私域账号，你也可以参考以上原则，只不过内容需要微调一下：

有利是指对你的目标客户有用的内容。比如，你是从事和美相关的行业，就发养颜护肤相关的内容；从事和吃相关的行业，就发营养和制作美食的内容；从事和教育相关的行业，就发学习小技巧。

有识是指和自己机构相关的内容，比如独特优势、行业荣誉等。

有趣是指轻松的，和行业、产品相关的搞笑内容。

有义是指客户的成功案例。如果客户都是成功的，那么他们选择了你，证明你一定也是成功的。

朋友圈营销是微信私域营销成本最低的方式。

一对多，触达率高，养成输出习惯后，朋友圈营销是最轻松的私域维护方式。

2）微信群沟通。微信群也是一个比较节省人力的方式，但要注意如下几个关键点：

建群必有主题，大群不如小群，免费不如付费，生命有周期。

①建群必有主题。如果被莫名其妙地拉进一个群，我们一定会冒出一句话："这个群是干什么的？"

群是需要有主题的，可能是一项课程、一次活动、一个会议、一个小区、一个公司、一个项目组、一个职业交流群、一些老朋友。

没有合适的主题，就没有令人信服的建群缘由。即使群主觉得有必要建群，但群成员不认可，并且不参与，这样的群建起来也没用。

②大群不如小群。虽然群的人数规模可达500人，但应用起来，100多人的小群反而是更容易管理的。人太少，群不够活跃；人太多，你一言我一语，内容一多，屏蔽该群的人就多了，群也就"死"了。

③免费不如付费。免费群，没门槛，大家也不珍惜，容易冒出各种乌七八糟的广告，然后很快被大家屏蔽。收费群有门槛，大家会更珍惜；经过付费筛选，进群人员也不会太杂。如果有可能的话，哪怕只收1元也尽量建收费群。

④生命有周期。所有的群都有生命周期，一般来说初期表现活跃，群成员对活动（比如，培训、会议）的反馈也很积

极,然后会慢慢走向沉寂。

所以建群要目的性明确,如果是为了组织培训、直播或者推销产品,就要抓紧在群生命力旺盛的早期进行。

3)个人微信的缺点。个人微信也有明显的劣势,那就是运营成本高。

微信要求一个手机号只能注册一个微信号,且一个微信号只能添加5000名好友。对于有较大粉丝基数的博主,经常引数万人到私域,使得微信号和手机的管理变成一个大问题,采购手机也是一笔不小的支出。

另外,对微信营销,微信官方一直采用比较严格的管控。长期大量群发广告信息,还可能导致个人微信被封号。如果一个微信号有数千名潜在客户,封号可能会带来巨大的经济损失。

所以对已经成交的客户,我们可以将企业微信和个人微信结合使用,双号齐下,有备无患。

3. 将公域粉丝导流到私域上的方法

我们在前文提过,将其他平台的粉丝引流到微信上,或多或少会引发某些平台的抵制,甚至会对此类行为进行严格的管控和惩罚,尤其是抖音。

如何顺利地将粉丝从公域导流到私域,需要一些技巧。

让粉丝自报联系方式

在和粉丝私信沟通的时候,以合理的理由让粉丝讲出他的联系方式，然后由博主或工作人员去添加粉丝的微信。参考话术如下："您好，我是新媒体的运营人员，您这个问题我已经帮您记录下来了，会转给我们专业的老师为您专门解答，请问您的联系方式是多少？我们好请专业老师联系您。"

群管理员在抖音粉丝群引导加私域

先通过视频的评论区、私信等功能，将高互动的粉丝引导到抖音粉丝群，然后提前在粉丝群设立几位管理员，留下微信号，让粉丝添加微信。

设置私域福利可大幅提升转化率

想引导更多粉丝添加微信，可以通过"发福利"的方式。

福利可以是一些电子版的资料。这种资料要和博主的主题相符，而且资料的名称最好一听就有很高的价值，能引发粉丝的关注。

资料还可以筛选出潜在客户，也能激励粉丝进行互动。例如这样的话术："我准备了《60个行业博主起号期最容易出爆款的选题集》，60个行业，每个行业180个选题，足够拍6个月，你想要的话，找管理员领取。"

上面话术中的资料对于希望做短视频的新人博主来说，就是一个巨大福利，可以顺理成章地将其吸引到私域中。

但这种方法的弊端也正是因为它太有效，以至于带来一些困扰——转入私域的人数太多。如果私域是以个人微信为载体的，不仅会大大增加私域管理人员的工作量，而且可能将高意向的客户淹没在一群只想"薅羊毛"的粉丝之中，错失了成交的机会。所以使用这种方法也要适度。

4. 私域的合作价值

私域的"私"字，很容易让人想到私心的"私"。

恰恰相反，私域具有很强的合作价值。

粉丝的需求是多样的，但企业能提供的产品、服务是有限的。

我认识一个高端白酒的经销商，他在白酒行业从业多年，积累了大量的高净值私域客户，公司只有十几名员工，但每年业务额高达几亿元。

他发现自己的客户对燕窝、红酒、高端茶叶也有需求，所以就在自己的会所里，花费数百万设立了燕窝、红酒、茶叶等产品专柜。但这样的投资，带来的并不是利润增长，反而是高额的库存，甚至可能是亏损。因为他对这些新增产品，并没有像经销白酒一样，得心应手。

他可以拿到最稀缺的白酒货源，有价格优势，还能在某些货品滞销时，用调货的方式避免损失。但在燕窝、红酒和茶叶领域，他完全不具备这样的能力。而且为了体现其货品丰富，又强行压了很多货，动用了不少资金。

如果他在发现客户这个需求之后，选择和体量差不多的燕窝、红酒、茶叶的供应商进行私域合作，互相开放私域，联合开发客户，收取相应佣金，结果不仅能增加收入，还能让自己的白酒打入对方的私域（新的精准用户群），利润获得更高增长。

私域交易可以让私域收益倍增、用户倍增。

在知识付费领域，私域的合作更加普遍。

在社群服务中，最有价值且成本最低的模式，就是知识内容分享。

但知识的创造成本是极高的。很多老师是自己行业内的高手，组建了以自己为核心的粉丝社群；但没有老师可以仅靠自己的知识输出持续抓住粉丝的注意力。

此时依靠私域交易，和领域互补的机构或老师合作，互相开放私域，请其他老师来讲讲课，也去对方社群做做分享，不仅可以扩展业务，而且可以延长自身私域用户的生命周期。

如果你在某些社群看到本书的两位作者同时成为分享嘉宾，可能就是一场对双方组织者都有利，对双方私域用户同样都有利的私域合作活动。

5. 微信私域营销的业绩自动结算系统

很多人不做私域合作的原因，不是不愿意，而是怕吃亏，担心互相分享后，无法正确计算客户归属。

微信发展多年，基于微信和微信公众号的系统开发已经很成熟了，有很多高度自动化的系统可以应用。例如，我曾用一款叫"小鹅通"的软件，作为私域分享时记录客户归属和自动结算业绩的系统。

微信上的很多营销活动都是基于二维码开展的，无论是购买一个商品、报名一个网课，或是观看一场直播。我的公司在全国有几十家合作伙伴，他们各自有数千人到数万人的私域，同时参与我公司的营销活动，如何鉴别十几万名潜在客户的各自归属呢？

这套系统可以提前为合作伙伴创建独立账号，生成专属他们的二维码海报。分享海报后，扫码进入的客户会自动记录到他们名下，产生消费后会记录业绩。当客户确认收货之后，系统甚至可以自动将该经销商的佣金发放到他的微信钱包。整个流程是全自动的，只需要一个系统管理员提前设置好后台程序。

所以我的团队只需要做好营销活动的设计，其他的全部交给系统即可。而各地经销商也可以放心地分享专属二维码海报，不用担心他们的私域客户被别人"窃取"。

更有甚者，有几位经销商为自己的员工分别创建账号，录入系统，这样他们的员工分发海报并邀约客户后，也可以自动计算业绩了。多劳多得，这样激发了员工的积极性。

诸如此类微信营销的自动化工具，光我知道能起到同样作用的，就不止三款。在私域营销中，熟练使用成熟的自动化、半自动化工具，不仅可以节省大量人力成本，还能做到很多光靠人力无法做到的事情。

所以，做私域不仅需要磨炼营销思维和方法，更要培养发现和使用新工具的能力。

6. 私域的寿命

私域是有寿命的。

再好的服务,用户对我们的关注也是有周期的。

喜新厌旧是人的本性之一。优秀的私域运营虽然能延长私域寿命,让大部分客户满意,甚至让铁粉不停地复购,但依然无法让我们一直成为所有私域用户的关注焦点。

减缓用户兴趣衰退的方法,一方面是在尽可能短的时间内,挖掘和满足用户的需求,最大化用户的价值,包括运用私域合作的方式;另一方面是坚持私域运营的同时,绝不放松公域获客。

流水不腐,户枢不蠹。

美国著名商业作家吉姆·柯林斯在他的《飞轮效应》中提到:飞轮型商业重要的指标叫"增强回路"。意思是上一个周期的"果",会增强下一个周期的"因";而下一个周期被增强的"因",会带来更好的"果"。

企业用"短视频—直播—私域"的新媒体和营销工具组合,经历"泛粉—精粉—铁粉"的用户筛选,最终获得了客户和收益的双增长。

而这个结果会持续给企业带来新的驱动力,让下一个循环的飞轮动力源源不断,带动企业影响力的增强、客户池的扩张、销售收入的增加。

创业不止,飞轮不止。

飞轮是循环的、上升的。

要点回顾

1. 私域就是竞争力。

2. 运营私域,就是要放大后端收益,然后在前端营销给对手以更猛烈的打击。

3. 微信公众号是7×24小时工作且不用发薪水的全自动客服。

4. 一对一沟通最好的时机是在刚加到粉丝微信,或者申请好友刚通过的时候。

5. 个人微信日常沟通的主战场,其实是在朋友圈。

6. 在微信朋友圈发送内容的口诀为"有利,有识,有趣,有义"。

有利是指对别人有利。

有识是指适当表达自己的观点。

有趣是指适时发点让人轻松的内容。

有义是指不要吝惜给别人掌声。

7. 建群必有主题,大群不如小群,免费不如付费,生命有周期。

8. 私域具有很强的合作价值。私域交易可以让私域收益倍增、用户倍增。

9. 做私域不仅需要磨炼营销思维和方法,更要培养发现和使用新工具的能力。

10. 私域是有寿命的。在尽可能短的时间内,挖掘和满足用户的需求,最大化用户的价值。

11. 流水不腐,户枢不蠹。坚持私域运营的同时,不放松公域获客。

第八章　拥抱变化，穿越周期

相信大家阅读到此，对流量下半场的博弈和短视频业务打造的逻辑、模式和方法已经有了更清晰的认识，很想立刻尝试一下。

没有一个行业或公司可以永远繁荣、永续辉煌，也没有一个平台能永远依靠。今天我们看到别人做短视频，自己也跟着做，即使成功了，也只是盲从。下次再遇到变革时刻，我们依旧不知所措。只有培养出个人和组织拥抱变化、穿越周期的能力，才是根本。

最后一章，我想与大家分享一些自己在创业过程中的觉知与感悟。第一部分，有感于2021年7月教培行业的巨大变革。是哀叹倒霉，被动地寻找出路，还是积极思考，这只是行业周期起伏的必经之路。我与很多创业者一样，选择了后者——复盘总结，带上积累的经验教训，开启新的周期。第二部分，衷心为即将开始个人创业的朋友，提供一些我的经验教训，希望可以帮助大家更快启动，避险避坑。

开疆拓土总是艰难的，更何况还背着过往的行囊。我从微软公司重振的经历中，领悟到一些顺利开启转型的机制，与君共勉。

1. 三步开启新周期

人们盛赞将企业重整旗鼓的领导者是"力挽狂澜"。实际上他们并不直接对抗狂澜，而是将公司从风浪的对立面拉起，使其高于冲击范围，免受倾覆，又巧用其力量向新的目标扬帆起航。

说白了，变革就像一场海啸，没有人能对抗，我们的思考和行动，应是如何利用海啸的势能，顺势而为。

但审时度势，说起来容易，做起来何其艰难。即使如微软这样的商业巨头，汇聚全球精英的智慧，都曾因一再错失机会而市值腰斩。一举挽回微软颓势的，是2014年上任的CEO萨提亚·纳德拉。

读完纳德拉撰写的《刷新》（*Hit Refresh*）一书后，我认为它非常适合成为本章的典型案例之一。因为转型前的微软，有以下三个现象，可能大部分公司都有此境遇。

1）断崖式颓败。微软曾是个人电脑时代的王者，但在移动互联大潮中毫无建树,无论是手机、搜索、社交还是电商,全都落后于对手。1999年市值巅峰为6000亿美元,但之后就一路走跌,短短4年之后,市值只剩2200亿美元,跌至近三分之一。

观中国市场,互联网红利和激进的营销策略,加之外界环境的快速变化,使很多企业的发展轨迹都像过山车——各有本领一飞冲天,但就是想不明白为何狠狠摔落。

2)内耗内斗。表面的衰败,往往预示着内部的混乱。当时的微软内部,一方面弥漫着悲观情绪,认为大势已去,微软已经失去了创新的灵魂,一方面官僚作风严重,拉帮结派,互相敌对。

上层忙于权力斗争,下层苦于精神内耗,如何应对外界变化?

这种情况是否似曾相识?这也是现在国内很多公司的通病。

3)组织庞大。所谓"尾大不掉",越庞大复杂的组织,掉头越难。2014年,微软在全球有12万名员工,在全球60多个国家建有公司机构,是名副其实的国际企业。其业务、流程、文化之复杂多元,堪称之最。

如此的庞然大物,是说变就能变的吗?

除以上三条之外,很多企业在转型期还要面临调整高层的问题,是"空降奇兵",还是内部选拔?萨提亚·纳德拉是微软20年的老员工,在他上任之时,就有不少反对的声音，怀疑他能否成功引领变革。他们认为公司内部人员已形成思维定式，无法大刀阔斧，突破创新。

我相信很多读者也考虑过外援，但实际上，邀请外援除了支付非常昂贵的薪酬，也有水土不服的巨大风险。但对内部人员的顾虑也不无道理。如果您是企业主、创始人或公司老员工，决定要自己带头转型，就面临和纳德拉一样的情景了，因此他的经历是很具有参考性的。

总之当时的微软内外交困，沉疴已久，由此可见萨提亚·纳德拉的卓越之处。他的改革，不仅快，并且极见成效。只用了5年时间，微软市值就突破了8500亿美元，甚至超过了苹果公司。新业务全面开花，硕果累累——云计算、智能硬件、移动应用等占增长业绩超40%，同时布局量子计算、虚拟现实等前沿技术。微软从迟暮老人重回活力激昂的健将，站在新技术之巅傲视群雄。

以上三个现象，以及由内部人员带头变革的情况，在所有亟待转型的企业身上，怕是都会占几个。问题越严重，转型越艰难。但如果微软都能实现变革，我们有何理由不放手一试呢？

对于纳德拉带领下的微软重生之旅，我总结了3个要点：发现问题、开放协作、拥抱变化。当需要将公司或业务从一个旧周期带到新周期，开启第二曲线的时候，这是一个可遵循的三步走策略。

直面现实,发现问题

直面现实虽然痛苦,但能让人变得谦虚,从真实中看到成长空间。

在纳德拉接手半年前,微软用71亿美元收购了诺基亚的手机业务,想用强势的"买买买",挽回自己在移动终端上的落后局面。结果却成为IT史上失败的并购案例之一,导致微软全球裁员1.8万人。

纳德拉当时是反对并购的,因为他知道在成熟的移动终端市场追赶头部已不现实。微软要想翻身,必须改变观念,另辟蹊径。

发现问题,就是改变观念的第一步。

我自己也做并购,也为其他企业的并购做过顾问,非常理解那种用购买现成企业来实现弯道超车的欲念,多么自然且强烈。但这种自信,实则源于一种闭目塞听的傲慢。

当时微软内部的种种现象,就显示出了这种傲慢。

虽然当时Windows还在盈利,但移动端的崛起已显而易见。而微软第二任CEO史蒂夫·鲍尔默在2012年仍宣称Windows在微软是最重要的,甚至还有人提议说把公司名字改为Windows。这种强烈的自我催眠式的自信,使公司对Windows业务和利润产生了巨大的依赖,对新趋势视而不见。

纳德拉上任后的第一个工作,就是让全公司直面PC时代已成过去的现实,发现整体战略问题,重新定位Windows对微软的意义,一举将Windows从神坛拉下,定位为一个触达更多客户的服务工具。紧随其后的，便是基于此理念的一系列落地举措：免费升级、开源，甚至与老对手苹果公司合作。

走出孤岛，开放协作

发现问题之后，人们愿意学习与思考了。下一步就是要从封闭转向开放，坚定地落地改革。

微软之前跟苹果划清界限，势不两立。苹果电脑的操作系统，原来是不能用Office软件的，但现在可以了。这是纳德拉带领下的微软，开始拥抱变化的其中一个例子。

在他没有上任前，微软内部的想法是"我们的"Office软件，只能在Windows上用。如果在别的操作系统上用，比如苹果的IOS系统，那客户很可能就去买苹果的产品了，Windows系统的销售因此会受影响。

但现实是，Office软件的封闭，可能会导致更多人只用苹果的操作系统，也将只使用苹果自带的办公软件。此举看似在阻击对手，实际上却是在消耗自己的潜在客户，让业绩变得更差。在Windows重新定位的指导下，要链接更多客户，就必须把Office软件开放给其他操作系统，包括苹果的IOS。

纳德拉在书中回忆，在一次公众会议上，他拿出苹果手机，惹得全场观众哄堂大笑。接着，他向观众展示手机屏幕上的微软产品图标——不是简单的移植，是专门为苹果做了优化设计的软件，现场瞬间安静，之后爆发出热烈的掌声！这一举动，向市场发出了最明显的信号——世界正在变化，而微软也并未落后,孤岛式的竞争思想已经过时。微软将积极改变,和同业机构通力协作,更好地服务所有的客户。

观念指导实践,而坚定的、反复的实践又会让观念更深入人心。随着一系列基于Windows的开放和协作,微软人逐渐变得思维活跃,乐于学习新事物,研究与研发新产品,不停地思考自己能够做什么。

此时纳德拉又适时推出微软的新使命:赋能他人。他从企业文化的高度,再次夯实了链接、赋能、共享、协作的符合新互联网时代的文化基调,使其成为微软人不断创新进取的自驱力。

拥抱变化,驶入新周期

如果Windows不再是微软可以依赖的核心,那当务之急就是找到新的利润增长点。

当时亚马逊正给一些中小公司提供云服务,而微软发现大型公司其实也同样需要这种服务,但市场上的供给还很少,主要是因为大型公司数据量庞大且有保密需求,不能像中小企业一样轻松上云。

放下傲慢,脚踏实地找寻新机会的微软,此时已能敏锐觉察到市场的趋势和痛点了。他们当即便开启了"微软云"产品战略,专门服务美国的大型公司客户,以"混合云"模式为差异化竞争力,即允许公司将核心数据留在自己的系统内,确保安全,而将低密公用信息放在云上以提高效率。

新产品市场反响热烈，纳德拉再顺水推舟，宣布微软进入"云为先"时代，指定云业务为公司新的战略未来，所有资源都优先配给。

"混合云"的成功，不仅得益于满足了蓝海需求，还有一个重要因素，即未对旧业务造成冲击，反而相辅相成。"混合云"的模式，注定在一定程度上依赖于Windows服务器的强大算力。所以，"混合云"越发展，就越推动Windows服务器业务的增长。只有新旧业务都有收益，内部形成合力，整体战略才得以快速推进。

仅仅过了一年时间，微软的整体业绩就以每季度90%以上的速度增长，这样的增速一直保持到2018年，惊掉之前所有唱衰微软的人的下巴。而且，业绩中超过40%的增长点，都源自像微软云这样的新业务，这标志着微软彻底摆脱了对Windows业绩的重度依赖。至此，微软重回美国上市公司市值前三位，恢复巅峰状态。

总结微软转型的三步走，不难看出在第一步"发现问题"的重要性，它是后续一切动作的出发点。而人只有放下对旧日辉煌的执念，以及对过往经验的迷信，才能拓展认知边界，看清出路。

从微软的经历，再看今日中国教培行业大赛道的变化，就会引发很多思考。

在2021年7月之前，教培行业蓬勃发展的背后，是不是就已经存在很多问题呢？例如，部分公司的确太重营销，或激发家长的焦虑，或过度资本化。我们是否已偏离了对学生和家长核心价值输出的重视，忘记了初心和目标呢？既然有这样的问题，那么2021年7月就是一个契机，让我们经历反思后，能够做得更好。

成功"刷新"的三个条件

看完微软的案例，细心的朋友是否发现，在三步走转型成功的背后，还有三个隐藏的条件：

认知周期，果断取舍

客户需求与政策的变化，牵引着周期的运行。微软最深刻的认知问题，就是不愿承认个人PC行业的周期已然过去。

每一个行业都有周期。我们曾非常羡慕山西"煤老板"们的富有，但随着煤矿资源储量减少，以及国家政策向清洁能源倾斜，"煤老板"的生意也大不如前，这意味着煤炭行业的周期到了。

引起行业周期变化的因素通常归结于两点，一个是客户需求的变化，另一个是国家政策的约束。

比如，曾风靡一时的随身听，在大家开始用手机听音乐的时候，对它的需求就没有了，相关的制造业也就走到了尽头。当大型计算机市场趋于饱和之后，客户的需求减弱，IBM也转型开始做咨询。

比如，现在国家对环保的要求，就会限制化石燃料的使用，同时推动新能源行业的发展。于是很多"煤老板"开始转型做环保——以前从事环境污染行业的，和后来从事环保行业的可能是同一批人。

教培行业当然也有周期。2021年结束了它的旧周期，但我们仍可找寻到一个新周期的开始，它会是符合国家规定和各方面制度规范的新机会。

"忒修斯之船"：经验的合理迁移

开启新周期时，我们都怀揣着在旧周期积累的知识、经验、人才、资源或资本。但我们必须清楚，哪些是不能穿越到新周期的，而哪些可以穿越。最关键的是，我们需要找到能穿越周期的价值，将其带到新周期里去把握机会。

这如同驾驶一艘"忒修斯之船"驶入一片新海域，需要我们一边探索航线，一边调整船体，检测哪些零件可以继续使用，而哪些零件需要被陆续换掉以适应新的环境气候。达到最佳行驶状态后，这艘船可能已完全变了模样，但船本身的价值已获得巨大提升。

微软案例中，Windows操作系统是带不到新市场里的，因为使用它的用户越来越少。但能带过去的是什么？微软的品牌可以带过去，还有人才、资金、公司的管理经验、开拓市场的经验、把握客户的经验等。将这些带到新周期里，就找到了"微软云"新业务，且能做得很好。

同理，我们要深入思考：我们在以往行业中积累的本领，有哪些可以带到新的周期里面去，有哪些不适用？如何在新周期里建立一个新的模式，然后把它做得更好？

坚定信念，清晰传达

纳德拉在书中坦言，他在上任三年后就开始写书，就是为了让全公司都看到自己变革的决心，让全世界都知道微软要脱胎换骨，焕然一新。

书成之时，微软的改革尚在半程，但白纸黑字，再无回头。

变革意味着一定会动摇旧的惯性，产生不适，人在过程中有摇摆和退缩是非常正常的。此时就看领导者是否能极清晰地传达信念，让所有人反复确认变革的决心。将新理念贯之始终的不仅是业务，更是文化、价值观和自驱力上的高度统一。

我之所以用厚重的篇幅来介绍微软的案例，就是希望在朋友们决定开录视频之前，先停下来想一想：是否个人或组织的变革观念已完备？是否有足够的决心？是否有足够的对环境和市场的认知？是否有相对完善的计划？

如果你还没有仔细想过，或者你的企业也同样面临上文提到过的微软的各种问题，那我强烈建议你先参考微软的"三步走"，从观念上先做改变。也欢迎与我们联系，我们将很高兴与您共同探讨。

2. 创业者的自我修炼

我相信阅读这本书的朋友中也有很多人正在计划创业，或者开展全新的业务。

我非常赞同无论是个人还是企业，都应顺势而为，勇敢尝试新机会。但在一切开始之前，我有三点发自肺腑的建议：

第一，提前做好心理准备，创业将与焦虑和恐惧为伴。

第二，先认知，再实践，交替前行，缺一不可。

第三，找到能互相了解、包容和补位的好合伙人，一起战斗。

创业不是享受，焦虑是常态

"我的一生，都在对成功的憧憬和失败的恐惧当中度过。"

——《富甲美国》（*Sam Walton: Made in America*），
山姆·沃尔顿（Sam Walton），沃尔玛创始人

首先要清楚一点，创业成功的概率是非常低的。我看到过一个统计数据，这个概率不到千分之三，即一千家创业公司里，只有不到三家能成功。在经济不景气的大环境下，这个概率会更低。我把创业比作今生遇到的最贵奢侈品，而且一旦失败，很可能倾家荡产。所以，创业不是一个让人享受的事情。因为极低的成功概率和极高的风险，创业更可能是一个噩梦的开始，焦虑和恐惧常伴左右。

当读到山姆·沃尔顿的自传，看到他说自己一生都在憧憬和恐惧中度过的时候，我是深有感触的。我在创业之前，确实对成功充满憧憬，但创业两年后，我已经很少沉浸在美

好的期待中了，大多数时间都在思考如何解决各种难题，细算着如何过日子，思考着怎么尽快提高收入，恐惧着现金流要是断了怎么办，焦虑着招聘不到合适的人怎么办等。

只有提前做好"焦虑是常态"的心理准备，才能从一开始就摆正心态，不走弯路。

戒骄戒躁，最忌多头下注

心理素质不强的创业者，在发展好的时候，容易过度自信，盲目扩张；在发展遇阻的时候又完全被恐惧控制，开始多头下注，导致恶性循环。整天想着现金流哪天就断了，要不我干点这个，要不我干点那个，精力和资源被过度分散，在粮食最紧缺的时候，反而浪费了更多。就像挖隧道，本来可能就快要通了，半途却换了方向，东挖西挖，最终迷失在黑暗里。所以，创业者一定要控制、调节好心态。决定创业，就不要担心失败，多头下注更不可取。

忍别人所不能忍

多年创业的经历，在我身上磨炼出另一项重要的心理素质，就是"忍别人所不能忍"。很多人在创业前身上是有一些光环的，或因所在平台受到多一些优待，但创业后他们会失去原有头衔和平台的护佑，作为公司的顶梁柱（可能是唯一的顶梁柱），就必须放下个人情绪，时刻以大局利益为重。忍耐是痛苦的，但只要能过这个坎，也常能"得别人所不能得"。

早期创业时，我租的办公区在装修，施工队忘记将电线接到电表上了。物业经理检查的时候发现电表没计费，就怀疑我们偷电，把我叫到物业办公室，生生骂了半个小时。这位经理骂脏话不重样，说得人心里又气又恼。

那时我31岁，血气方刚，被这么劈头盖脸地骂，生平还是第一次，脑中闪过无数次跟他干一架的念头。但后来我还是忍下了，因为想到创业不易，今后肯定还有更多难过的事，更多挑战要迎接，何必在这里跟他纠缠。我没辩解什么，自己到楼下的提款机，取了3000元钱，交给物业经理说，我们没接电表肯定不对，也知道肯定是要罚款的，3000元我就放您这里，多退少补。

物业经理一下子就客气了很多，一套流程走下来，罚款也没有3000元那么多，之后我跟物业的关系也一直很好，关键时刻他们还会照顾一下。这虽是一件小事，但我心里一直记得"忍一时风平浪静"这句老话。

调节心态的三个方法

你我皆凡人，嗔痴癫在所难免，所以需要有意识地磨炼心性，掌握调节心态的方法，才能排除各种干扰，做出相对正确的决策。我常用的3种方法，在此推荐给大家参考：

1）向好友倾诉。有压力千万不能憋在心里，越封闭越隐藏，后果越严重。此时你需要一两位无话不谈、互相信任的好友，和他们聊一聊。当然，你不能把他们当作情绪垃圾桶，而是要在他们倾听你的苦恼之后，与他们一起分析和讨论解决方案。我也经常遇到这种情况,发现和朋友一商量,思绪就打开了,甚至也有了解决问题的希望。

2)坚持运动。运动是舒缓压力的良剂。我坚持规律运动差不多有5年的时间了。每周至少去两次健身房,每天坚持走路上下班,平时也是能走路尽量走路,每日至少10000步。在承受心理压力的情况下,我们更要让自己出去运动,让身体分泌内啡肽,改善心情,疏解焦虑,这将有助于后续的思考。

3)接受最坏的结果。"接受最坏的结果"这种调节方式,在创业过程中,真的非常有效。

我经常跟同事举这个例子:手被纸划破,你觉得自己太倒霉了,接受不了。但假设你今天若是摔了一跤呢?可能就骨折了。手划破和骨折相比,前者就算不得什么坏运气了。

创业时,烦心事会一件接着一件出现,你总觉得当下遇到的,就是最严重的问题,过不去了,全都毁了。那就想象一下最坏的结果是什么,如果能接受这个结果,就会发现其实没有什么是接受不了的,人生就是如此,你会更坦然,也不再焦虑了。

3. 认知和实践,两条腿走路

认知和实践两条腿走路,这句话的含义大致可分为两个层面:

第一,清楚地知道自己现在做的是什么,将来会变成什么。

第二，认知先行，但实践也要尽快跟上。如果认知到了，实践没跟上，会错失良机。如果实践走了很久而认知没跟上，又会浪费大量资源。

德鲁克的"灵魂之问"

管理学大师彼得·德鲁克在其成名作《管理的实践》（*The Practice of Management*）中提出了一个问题："你的事业是什么？"还有一个延伸问题是："你的事业将来是什么？"

我觉得这是对所有企业家和创业者的"灵魂之问"。对这个问题的回答，直接决定了创业之后的每一项决策，事关生死。

最初的"可乐"并不是饮料，而是一种治疗头痛的药剂。但可口可乐公司的创始人将它定位成饮料，做成没有国界、渠道广泛、千家万户都可享用的产品，通过在品牌、广告和渠道上发力，将市场规模放大无数倍，创建了世界第一的饮料公司。

试想，如果将"可乐"定位成药剂和保健品，那么公司的策略将大相径庭——他会主攻药房，培养药品销售，和监管部门建立联系等，结果可能会出现一家伟大的药厂，但绝不会是今日坐拥全球市场的饮料帝国，让美国引以为傲的文化代表。

"你的事业是什么？"对这个问题的回答，就是对方向的定位，有非常神奇的力量。

创业路上，无论是遇到瓶颈，还是在高速发展期，都要重新对自己发起"灵魂之问"，以便看清路径，或及时止损，这是"认知和实践两条腿走路"的第二层含义。下文将与朋友们分享我创业的亲身经历。

拾光文化：四阶进化论

2020年年底，我创办了拾光文化，经过近一年的发展，确定了提供"智能学习产品"和"合规的个性化双师解决方案"相结合的战略方向，截至2022年年底全国已有200家合作方/代理商。

从起步到今日之规模，拾光文化共经历了4个阶段。前两个阶段都因为定位的问题，遇到了阻碍，交了学费。从第三阶段开始，定位逐渐开始清晰和准确，后续再做决策的时候，就感觉顺理成章，收效显著。

拾光文化1.0：从线下直营，到代理经营

在第三章中，我曾提到在这个阶段经历过的教训。受到惯性思维的影响，我一开始想复制在一、二、三线城市比较成功的线下直营模式，但财务模型不健康，团队对低线城市的商业环境也不适应。复盘之后，我决定转为代理经营，让本地人做本地生意，很快就见到成效了。

拾光文化2.0：一家科技公司

如果不做直营，那拾光文化的核心竞争力和产品是什

么？如何保证母公司的盈利收入？

我曾考虑是否将其做成一家产品科技公司，因为有大数据的积累，可研发教育AI产品，提高产品差异化，提升毛利。

后来我发现这个方向仍将导致现金流危机。AI虽是朝阳行业，但坦率地讲，在教育领域的应用尚不成熟，只能锦上添花，不能带来核心竞争力。同时，AI工程师工资很高，研发时间也很长，综合回报的不确定性又很强。所以，科技公司的定位又被我否定了。

拾光文化3.0：内容产品公司

经历了1.0和2.0阶段后，我重新思考什么才是拾光文化的核心价值，什么是创办拾光文化的初心：是将优质的教育内容，带给资源相对匮乏的低线城市的孩子、家长和教育工作者们。那么，真正的核心价值就是内容——拾光文化应该是一家专注做教育内容的公司。

这个方向确定之后，我感到无论是策略制定还是工作推进，都渐入佳境。

公司内部开发出了名为"七级优化"的内容制作方法，包含大纲梳理、知识点图谱、视频切片、配套练习题视频讲解、大数据行为学习分析，以及课后答疑和回访。这是一套从老师到学生，从内容到学习行为的全流程设计。将精力专注到内容后，拾光文化制作出了精美实用的产品，受到客户的热烈反馈，从根本上推动了业绩增长。

拾光文化4.0：合规的个性化双师解决方案

至此，拾光文化的进化仍未结束，我还在继续提问：这项事业的未来是什么？

做内容是从产品、从企业的角度出发考虑的定位，但对客户来说最核心的价值又是什么？如何确保客户可以长久地、有保障地、高质量地获取这些价值？

结合以上，我认为拾光文化的未来，应该是为客户设计一套多快好省的教育内容解决方案。解决的痛点，包括教育资源的缺失、距离问题、学习质量，更重要的是合规问题。

2021年减负政策的出台和面授学科培训的管控，加之国家对数字经济优质内容的鼓励，深刻影响着未来教育的内涵、目标和形式。因此，我们定制了一台专用设备——"伴学本"，学生、家长和老师都可以买来自学。设备中还提供"个性化双师学习内容"，这是为低线客户专门设计的学习方式，除了录播课程中的老师，还将搭配一位会员顾问，督促学习，提升用户体验和学习效果。

现在的拾光文化4.0将"智能学习产品"和"合规的个性化双师解决方案"相结合，提供给代理商去服务客户，整体业务也已进入健康的发展期。

拾光文化的四阶进化，也是我自己不断调整认知，用成熟的思考来指导实践的过程。创业者如仅凭过去的经验和光环进行判断，而没有根据新场景调整认知，就极可能陷入危机。

但我也反对因过度思虑而错失商机。拾光文化虽然有两个阶段的定位有偏差，但总体来说还是认知先行，实践小步跟上，经常复盘，不断校正。所以我总结的个人经验是，认知先行，小尝试错，不断自省，谨慎发力。

4. 找到好合伙人，一起战斗

首先，我认为创业是需要找合伙人的，因为"团战"的效率和成功率比单打独斗高很多。如在二三十年前，市场成熟度较低，找一座城市，开一个小店默默经营，或在网上开个账号慢慢摸索，还是有可能成功的。但在当下的大环境中，推进速度变得愈加关键，既要尽可能快速把握机会，又要慎防走弯路，这时你就一定需要好战友。

可以说，找到好的合伙人，是创业成功的最有效路径。

好合伙人的三个关键词

好合伙人的三个关键词：互相了解、互相包容、互相补位。

满足这三项的创业团队，大概率会合作融洽，不会轻易分道扬镳，成功的概率会高很多。

了解：信任来自于对彼此的了解

作者帕特里克·兰西奥尼在其畅销书《团队协作的五大障碍》中，认为缺乏信任、害怕冲突、欠缺投入、逃避责任和无视结果是阻碍团队合作的五个问题。其中，缺乏信任是最核心,也是最底层的问题。合伙人之间的信任如果不够,就会相互戒备、相互套路、不敢讲真话,把时间都花在琢磨人上了,协作的效率肯定越来越低,进而影响整个公司的发展。

如何增进信任?信任来自于对彼此的了解。如果合伙人之间相识多年,甚至是同学、发小,知根知底,一起做事业的时候,就自然有信任的基础。如果是比较陌生的合伙人,就需要我们花心思多沟通、多了解彼此,这是非常重要的。

包容:有一半以上的争论是不必要的

合伙人之间一定会有分歧。

有些夸张地说,世界上有一半以上的争论是不必要的,很多观点不需要分出对错。特别是有些情况下,不同的声音,才是最需要被关注的。提出不同角度的意见,也是合伙人重要的职责之一。所以,合伙人之间要尽量互相包容,只要不是原则性的重大问题,就各退一步,不要为小事斤斤计较。

此时考验的是彼此心智是否成熟,以及对情绪的控制调节能力。

补位:胜则举杯相庆,败则拼死相救

除了资源和能力上的互补,很容易被忽略的,还有企业文化和价值观上的认同。因为有了这种最深层的认同,合伙人之间才会自发地相互提醒、相互监督,即使有分歧,也只就事论事,整体方向仍是一致的。

从公司管理的角度来说，合伙人之间也必须保持团结的姿态。管理层之间的一丝裂缝，对基层来说就是峡谷。如果合伙人之间赌气，一天不说话，在下属眼中会像是天大的矛盾。

我们都希望建立一个这样的创业团队："呼吸相顾，痛痒相关，赴火同行，蹈汤同往，胜则举杯酒以让功，败则出死力以相救"，这是一种利益和命运的共同体，势必拥有超强的战斗力。

不同身份的优势

合伙人可以是同学、同事、朋友、亲戚，甚至是陌生人。不同身份的合伙人，有各自可能的优势和劣势。

我最推荐的人选是同学，因为"和而不同"。

上学时已相互熟悉，有信任基础，彼此合得来，毕业后走上各自的工作岗位，积累了不同的经验、人脉、资源，创业时便可整合到一起——了解、包容、补位，三点齐全，是为最佳状态。不足之处是不熟知彼此的工作状态，但如果前三点足够强，一般不会出现问题。

和同事成为合伙人，最大的优势是起步快。因为有之前公司打下的基础，可以按照比较成熟的框架，快速地推进。不足之处可能是，因为在同一家公司，同质化比较高，视野难免有局限。此时建议多找一些外部的专家来帮助拓展认知，打破定式。

如果合伙人是陌生人，或不相熟的人，虽然信任和了解程度不高，但宝贵的是客观，以及他们带来的全然不同的经验与资源。如果处理得当，彼此可以有很多相互学习和借鉴的点，也能为创业带来源源不断的活力。

与亲朋好友合伙创业，需要顾忌的是，因为彼此很亲近，可能导致人情凌驾于事理之上，遇到问题会进退两难。如果在合作之前便设计好退出通道，就能很好地规避这个问题。

其实不管是什么身份角色，都可以做创业合伙人，我觉得关键是要齐心走过头一段路程。即使中间到了某个阶段，可能发现彼此想法不太一样，可以各自为战。有时通过对比，找不同团队，整合资源后，你又能发现新的机会了。即便是最后分道扬镳，但和没创业前相比，也不是从零开始，彼此都有了积累，完全可以再去找合适的搭档，继续前进。

无论是职业经理人，还是已经开办了公司的企业家，本质上我们都是在创业——创造属于自己的职业生涯。从这个角度看，切忌过于乐观、不要多头下注、要忍耐、善于调整心态、复盘与校准方向，以及找到奋斗路上的好伙伴，这些经验似乎放之四海而皆准，没什么特别的。

然而我仍视其为值得分享的经验，是因为道理越简单，越容易在得意或焦虑的时候忘记。所谓一叶障目，自己是察觉不到的，只有依靠旁人提醒。我的文字是一种提醒，和朋友一起多观察多交流也能起到提醒的作用，结交志同道合的伙伴就更为重要了。希望我们互相成就，创业之路越走越宽。

 **要点回顾**

1. 没有一个行业或公司可以永远繁荣、永续辉煌，也没有一个平台能永远依靠。只有培养出个人和组织拥抱变化、穿越周期的能力，才是根本。

2. 开启跨周期之旅有3个要点：发现问题、开放协作、拥抱变化。

3. 直面现实虽然痛苦，但能让人变得谦虚，从真实中看到成长空间。

4. 发现问题，就是改变观念的第一步。

5. 引起行业周期变化的因素通常归结于两点，一个是客户需求的变化，另一个是国家政策的约束。

6. 我们需要找到能穿越周期的价值，将其带到新周期里去把握机会。

7. 创业是最贵的奢侈品。创业不是享受，更可能是一个噩梦的开始，焦虑和恐惧常伴左右。

8. 认知和实践两条腿走路。认知到了，实践没跟上，会错失良机。实践走了很久而认知没跟上，又会浪费大量资源。

9. 德鲁克的"灵魂之问"："你的事业是什么？"还有一个延伸问题是："你的事业将来是什么？"。

10. 我认为创业是需要找合伙人的，因为"团战"的效率和成功率比单打独斗高很多。

11. 好合伙人的3个关键词：互相了解、互相包容、互相补位。

尾声　最好的时机就是现在

我曾不止一次听到有人说,看到很多老师和创业者都在短视频平台转型成功了,也确实赚到钱了,但我真的能学会吗?真的可以像他一样吗?

我的回答是,可以的。

因为我一直相信一句话:没有不能够,只有不愿意。

开启新周期,除了技巧,我认为必须提前准备的,还有决心。

边干边学,从零开始

我的一位在短视频平台上做生意的朋友,曾分享过一个小机构创业者转型的故事,激励了很多人。

也是因2021年7月教培行业的动荡,这位创业者的公司深陷泥潭,欠下800万元债务,压力非常大。后来他振作起来，决心抓住短视频红利，于是找到我的那位朋友，希望把自己打造成网红。一开始我的朋友没有答应，怕他没有任何经验，又着急还债会走弯路。但这位创业者真的很有毅力，每天都去找我的朋友聊，保证不急功近利。朋友最后答应了他，但是没有底薪，就是边帮忙边学习，如果能达成直播间销售，就分成，达不成就没有收入。创业者咬咬牙答应了，因为他知道，学习和实践机会本身就包含了巨大价值。

后来他几乎吃住都在公司，没日没夜地干活和学习，半年之后，水平突飞猛进，掌握了有效方法，自己也获得了可观的经济回报。又过半年，他就还清了800万元的债务，之后自己也开了公司，重整旗鼓。

这位创业者没有任何背景，也没接触过互联网，但他在巨大的压力之下能成功转型，始于他非常坚定地迈出了为改变而学习的这一步。转型肯定没有我们想象得那么容易，但只想不做永远是问题，决心去做才知道答案。

四小时熬汤的热爱

转型新领域，还有两个字我认为非常关键，那便是"热爱"。

这是我曾经的一位下属的故事。虽然与短视频无关，但这种精神是相通的。

这位小伙伴一直想开一家螺蛳粉店。他之前并不懂餐饮，自己学了很长时间后，开了一家约200平方米的门店，一个月收入能达到20万元。我觉得非常厉害，就去品尝了一下,发现味道确实比我以前吃过的要好。螺蛳粉的做法都差不多,为什么他能成功留住客人呢?

他说,他不用白水煮粉,而是每天上午熬4小时的汤,用汤煮粉。长时间熬出来的汤,又浓又香,有时周边的大爷大妈来店里,说不要粉,就给来碗汤,他们自己带着馒头蘸着汤就吃了。

一家新店,全无品牌背景,一个月就能有如此高的收入,跟他本人这种愿意花4小时去熬汤的精神很有关系,这就是一种热爱。后来他也找网红做宣传,也使用自媒体工具,拍的内容也非常好,很有感染力。我想他只要用4小时熬汤的精神去做任何一件事,都会成功。

现在我们要围绕新流量中心做变革,只要下定决心,只要想,并具备"4小时熬汤的精神",也一定能成功。

我认为很快每个人都会在互联网上有自己的一片天地、一座舞台,这是不可阻挡的大势,其中蕴含着全新的、丰富的机会。

有句话说,种一棵树最好的时机,一是十年前,还有就是现在。

所以,正在看这本书的朋友们,无论你是否在十年前赶上了互联网红利,还是至今还没接触短视频,现在都是最好的时机。

拥抱变化,把握新机会,赋予未来更多美好的可能性。